广东省软科学研究计划项目
"广东省科技金融智库建设"(项目编号：2017B070703004)资助

2018广东省科技金融发展报告

广东省生产力促进中心 编著

中国财经出版传媒集团

经济科学出版社
Economic Science Press

图书在版编目（CIP）数据

2018 广东省科技金融发展报告/广东省生产力促进中心
编著 . —北京：经济科学出版社，2019. 8
ISBN 978 - 7 - 5218 - 0778 - 3

Ⅰ . ①2… Ⅱ . ①广… Ⅲ . ①科学技术 - 金融 - 研究
报告 - 广东 - 2018 Ⅳ . ①F832.765

中国版本图书馆 CIP 数据核字（2019）第 182035 号

责任编辑：杜　鹏　刘　悦
责任校对：王苗苗
责任印制：邱　天

2018 广东省科技金融发展报告

广东省生产力促进中心　编著
经济科学出版社出版、发行　新华书店经销
社址：北京市海淀区阜成路甲 28 号　邮编：100142
编辑部电话：010 - 88191441　发行部电话：010 - 88191522
网址：www. esp. com. cn
电子邮件：esp_bj@ 163. com
天猫网店：经济科学出版社旗舰店
网址：http：//jjkxcbs. tmall. com
固安华明印业有限公司印装
710 × 1000　16 开　10. 5 印张　180000 字
2019 年 8 月第 1 版　2019 年 8 月第 1 次印刷
ISBN 978 - 7 - 5218 - 0778 - 3　定价：52. 00 元
（图书出现印装问题，本社负责调换。电话：010 - 88191510）
（版权所有　侵权必究　打击盗版　举报热线：010 - 88191661
QQ：2242791300　营销中心电话：010 - 88191537
电子邮箱：dbts@esp. com. cn）

编委会名单

前　言

当前，世界正处于新一轮科技革命和产业变革的重要交汇期，科学技术突飞猛进，经济全球化进程不断加快。产业变革源于科技创新，而成于金融创新，科技金融与产业发展互融共进，点燃创新驱动发展战略新引擎。2017年，广东省区域创新能力首次超过江苏省跃居全国首位，科技金融作为创新驱动发展的重要抓手，在提升区域创新能力、转变经济发展方式、促进产业结构升级、推动金融体制创新等方面发挥着至关重要的作用。

"创新创业，生于科技，长于金融，兴于南粤"，广东省在科技金融工作上大胆探索、先行先试，不断完善"一个专项、两个平台、四个体系、多方联动"的科技金融运行模式，打造线上线下相结合的科技金融服务体系，形成科技与金融互动互促的生动局面。2017年，广东省由财政出资71亿元组建了省创新创业基金，全面开展普惠性科技金融试点工作，积极筹建省级科技金融智库，科技金融创新工作稳步推进。为全面揭示广东省科技金融发展动态，用理论研究支撑探索实践，由广东省生产力促进中心牵头的科技金融智库组织编写本书，系统地总结了广东科技金融发展经验，首创性地提出了科技金融发展指数，实现以定量的方式对广东全省及各地市科技金融发展水平进行综合评价，为政府部门和相关从业者及研究人员提供决策参考和理论借鉴。

本书共分为九章，第一章对2017年度广东全省科技金融发展进行整体概述；第二章和第三章分别重点介绍了科技金融政策支撑体系和服务体系建设情况；第四章到第七章分别就创业投资、多层次资本市场、科技信贷与科技担保、科技保险等服务领域进行了详细分析；第八章从区域发展的角度重点介绍了广州、深圳、东莞、佛山以及粤东西北几个典型地市在科技金融工作方面的探索与实践经验；第九章首次提出了科技金融发展指数概念，运用指数评价方法对各地市科技金融发展进行了量化测评分析。

本书在编写过程中得到了中国人民银行广州分行、广东省社科院、华南科技资本研究院、广东省科技金融促进会、广东省风险投资促进会、各地市科技部门、各地市科技金融综合服务中心等机构的大力支持，在此一并表示衷心感谢！

编 者

2019 年 6 月

目　录

第一章 广东省科技金融发展概述

第一节 广东省科技金融发展现状与成效

近年来，广东省把促进科技和金融结合作为深化科技体制改革，完善区域创新体系和创新创业环境，提升自主创新能力和国际竞争力的重要抓手，在政策体系、管理机制、组织机构、平台建设等方面开展了卓有成效的工作。2017年全年整体而言，全省科技金融政策环境不断完善、科技金融融合深度和广度持续拓展、财政资金投入力度大幅提升、科技金融要素资源继续优化整合，表现为：《关于发展普惠性科技金融的若干意见》《广东省促进科技企业挂牌上市专项行动方案》等一系列政策措施相继出台，普惠性科技金融、发展多层次资本市场等多元化的科技投融资体制机制创新稳步推进，与银行机构共同探索建立小微科技企业贷款审批授权体系和专属评价体系正式启动试点，切实让科技金融广泛惠及小微科技企业；正式组建由财政出资71亿元、带动财政出资额3.7倍的社会资金共同参与的省创新创业基金，支持重大科技成果转化、天使创业孵化培育、新兴行业科技创新、文化媒体科技融合、重大科技成果产业化、产业技术升级重组等领域，为推动广东省创新驱动发展和供给侧结构性改革提供有力支撑；省科技金融综合服务中心的网络已经实现全省覆盖，珠三角地区广州、东莞、中山等分中心建设成果丰硕，粤东西北地区汕头、湛江、韶关等分中心建设快速推进，形成了区域化和个性化的科技金融服务模式；中国创新创业大赛3个赛区全省参赛企业5850家，占全国报名数的1/5，连续4年位居全国第一。

一、全省科技金融发展态势

（一）政策支撑体系基本构建

广东省"广佛莞"地区、深圳市于 2011 年成为全国首批科技金融结合试点城市，积极创新体制机制和财政科技投入方式，探索科技资源与金融资源对接的新机制，引导社会资本积极参与自主创新，提高财政资金使用效益。在总结试点经验的基础上，2013 年 8 月广东省政府办公厅出台了《关于促进科技和金融结合的实施意见》，提出促进科技与金融结合的目标要求，并从创业投资、科技信贷、资本市场以及科技金融服务体系等方面提出了具体的实施意见。这是广东省级政府层面出台的直接系统部署全省科技金融工作文件，具有标志性意义。

2014 年，广东省委省政府发布的《关于全面深化科技体制改革加快创新驱动发展的决定》明确提出，要加强创新链与产业链、资金链融合，促进科技创新与金融、产业融合发展。同年，省科技厅会同省金融办和"一行三会"，组织召开了全省科技金融工作会议，出台了《2014 年科技·金融·产业融合创新发展重点行动》《广东省科技金融支持中小微企业发展专项行动计划》等文件，提出了包括健全财政资金与社会资本投向科技产业的联动机制、积极支持粤科金融集团建成省级科技金融大平台、构建全省科技金融服务体系等一系列科技金融服务中小企业的政策措施，全省科技金融工作形成了较为完善的政策体系。《十三五广东省科技创新规划（2016～2020）》在此基础上进一步提出，要围绕产业链部署创新链、围绕创新链完善资金链的改革要求，以加快科技金融创新发展支持产业转型升级为核心任务，着力构建多层次、多渠道、多元化的投融资体系，深化科技、金融、产业融合。此外，珠三角各地市出台了比较系统的扶持政策，汕头、韶关、湛江、清远等粤东西北地市也突出特色和重点，大力推进科技金融工作，全省科技金融政策环境日益完善。截至 2017 年年底，全省范围内累计出台科技金融相关政策 201份，其中 2017 年新出台 16 份。

（二）科技金融财政投入大幅提升

自 2014 年起，按照省委、省政府的要求，广东加快科技体制改革步伐，实施"阳光再造行动",建立健全新型的科技业务管理体系,转变财政科技资金投入结构和使用方式,每年投入 4 亿元设立产业技术创新与科技金融结合专项资金,从科技信贷补偿、创投联动和科技金融服务体系建设、设立省市风险准备金等方面,引导调动金融机构和社会资本投入科技产业。支持 20 多家科技信贷专营机构向科技型企业提供各类科技信贷服务,引导金融机构投放贷款超过 5 亿元,带动各类社会资本投入科技创新领域超过 30 亿元,推动各地市配套风险准备金超过 10 亿元,引导金融机构支持科技企业超过 100 亿元。在省创新创业基金的带动作用下,组建了粤科海格集成电路母基金、江门创新创业投资母基金、松山湖创新创业投资母基金、新媒体基金等,财政投入 58.5 亿元,带动社会资本 165.12 亿元。

(三)科技金融服务网络基本构建

依托粤科金融集团建设政策性科技金融集团,依托广东省生产力促进中心建设全省科技金融综合服务中心的线上和线下网络,在线下各地市建立 31 个科技金融综合服务中心,在线上建立广东科技金融综合信息服务平台,完成与相关金融机构和服务中介的线上对接工作。省科技金融综合服务中心的网络已经实现全省覆盖,珠三角地区广州、东莞、中山等分中心建设成果丰硕,粤东西北地区汕头、湛江、韶关等分中心建设快速推进,形成了区域化和个性化的科技金融服务模式。如广州市打造了创业投资服务、科技信贷融资、科技企业上市等科技金融平台;又如佛山市依托广东金融高新区和佛山高新区两大发展平台,建设"金融、科技、产业"融合创新综合试验区,推动佛山高新区形成了围绕装备产业的"前孵化—孵化—加速—腾飞"的孵化链条。

(四)科技型企业投融资渠道逐步拓展

1. 科技信贷取得突破式进展。近年来,加快开展科技信贷作为广东省科技金融工作的重要内容,成为省科技工作的重要组成部分。省科技厅针对科技型企业知识密集程度高、可抵押资产少,相对于传统的银行信贷标准风险较高的特点,创新科技信贷风险分担机制,设立科技信贷风险准备金,推动银行等金融机构加大面向科技型中小企业的信贷支持力度,在促进广东省科技与金融深度融合以及推动金融资源与科技资源的有效对接方面取得了显著成效。截至 2017 年,省市联动科技信贷风险准备金投入 2.008 亿元,带动地市配套资金近 8 亿元，省市联合科技信贷风险准备金总规模达 10.9480 亿元，引导约 15 家银行机构支持科技型中小微企业超过 200 亿元，实际发放贷款超过 100 亿元。

2017 年起，广东省科技厅联合建设银行广东省分行在广州、珠海、汕头、佛山、东莞、湛江、清远等 7 个地市开展普惠性科技金融试点，改变了以往以财务报表为核心的传统信贷评价体系，提出以"技术流"和"能力流"为标准，综合评价小微科技企业技术创新实力，共同研究出台《小微科技企业创新综合实力评分卡》。试点工作开展以来，累计投放 2034 户普惠性科技金融项目，总金额约 24.9 亿元，户均金额 122 万元，进一步解决了科技型中小企业融资难、融资贵和融资慢的问题。此外，省科技厅联合广州市科创委、番禺区政府共同推动中国银行广东省分行建立全省第一家科技支行——中行番禺科技支行，并随后在全省共设立 22 家科技支行，形成"五个单独"的信贷机制，精准服务高新技术企业近 7000 家，开创了具有广东鲜明特色的科技信贷发展模式——《广东试点银行解决"融资难"》，在《瞭望》周刊上发表，获得国务院主要领导肯定和批示。

2. 创业投资整体水平位居前列。广东省是国内发展创业投资较早的省份，发展也较快。2017 年，在广东打造国际风投创投中心的旗帜下，多地市政府先后出台了相关办法，加大引导创业投资机构的集聚发展，如《广州市人民政府办公厅关于印发广州市风险投资市场规范发展管理办法的通知》《深圳市扶持金融业发展若干措施》《佛山市人民政府办公室关于印发加快股权投资行业集聚发展实施办法的通知》等，通过多种政策优惠对地区的股权投资管理企业、创业投资管理企业、私募证券投资管理企业依据实缴出资额给予落户奖励、孵化奖励、投资奖励、发起奖励等。

截至 2017 年年底，广东省创业投资市场共有基金机构 2943 家，比 2016 年增长 7%，机构总数占全国比重达 21.76%，位列全国首位，比全国排名第二的北京市多了 396 家，比排名第五的江苏省多了 2163 家。其中，私募股权基金为 2276 家，创业投资基金 667 家，占全国的比重分别达 23.17%、19.66%，在各省市排名中均位居首位。

3. 多层次资本市场基本成型。改革开放以来的探索实践，使我国初步形成了涵盖股票、债券、期货的市场体系，多层次的资本市场即主板、创业板、新三板、四板等实现了从无到有、从有到优的全面发展，极大地拓宽了科技型中小企业直接融资的渠道。经过多年的发展，广东省初步发展形成了包含股权市场、债权市场和区域性产权交易市场的资本市场体系。2017 年末全省证券市场共有上市公司 571 家，市价总值 9.59 万亿元，全年上市公司通过境内市场累计筹资 2749.56 亿元，比 2016 年减少 962.25 亿元。其中，首次公开发行 A 股 98 只，筹资 521.23 亿元；股票资产再筹资 1293.49 亿元；上市公司通过沪深交易所发行公司债、可转债筹资 934.84 亿元。全年新三板新增挂牌企业 421 家，定向发行股票筹资 206.58 亿元，增长 13.3%。2017 年，广东省共有 3 家区域性股权交易市场，分别是位于广州的广州股权交易中心、位于深圳的前海股权交易中心与位于佛山的广东金融高新区股权交易中心，数量居全国之首。截至 2017 年年底，广东省区域性股权市场挂牌企业超过 1.8 万家，展示企业 6 万余家。

（五）广州、深圳引领全省科技金融发展

2017 年广东省科技金融发展指数评价结果显示，广东省科技金融排名前 10 位的城市分别为深圳、广州、中山、佛山、东莞、珠海、惠州、江门、汕头、肇庆。可以看出，深圳和广州是省内科技金融发展的"双核心"，遥遥领先于其他城市，"双核心"中深圳优势明显。综合来看，深圳、珠三角七市（除广州、深圳）科技金融相对于经济发展而言处于超前状态，而广州、粤东西北地区科技金融相对于经济发展而言处于滞后状态。

二、主要存在问题

（一）科技金融工作尚未形成粤港澳大湾区联合优势

世界著名的湾区有纽约湾区、东京湾区、旧金山湾区、伦敦港、悉尼湾区，其中名列"世界三大湾区"的是经济实力最强的东京湾区、纽约湾区和旧金山湾区。与上述"世界三大湾区"相比，粤港澳大湾区中的"广佛莞"和深圳地区都以各自发展为主，没有形成科技金融的集聚效应，在政策、资金、机构等方面尚未形成金融支撑科技创新发展的合力，因为香港、澳门与内地的金融管治和监管制度、合规要求、结算平台均存在差异，应进一步推动科技金融服务业的发展，加强大湾区内的金融产品与科技创新联系，鼓励天使投资和创业投资等多种形式支持科技企业发展。

（二）科技金融工作的前瞻性、开放性需进一步加强

"北京模式"为提高中小企业融资的获得性奠定了坚实的基础，为企业发展壮大，走向全国提供了有力的支撑。特别是北京的政策性引导基金在设立后，面向全国遴选创投机构，引入市场化、专业化团队的特色值得广东借鉴。上海国家东部转移中心立足上海、与国外机构同步合作设立分支机构的全球性视野，为东部转移中心的发展带来了更多的机遇和更广阔的发展空间。此外，北京和上海还云集了清科、投中等一大批国内知名机构在当地落户或设立分支机构，与北京、上海等地相比，广东的科技金融服务仍局限于省内、缺乏全国性视野，尚未为全国科技金融工作提供强有力的支撑或示范，在基金的管理、投资方式和区域性股权、技术交易市场建设方面，仍然以省内国有管理机构和传统的管理模式为主，尚未培育出在全国领军的科技金融服务机构。

（三）科技金融政策及服务手段多元性不足

在政策协同方面，科技金融政策体系未能形成有效合力，政府职能部门与金融部门在政策设计、政策执行等方面存在限制条件过多、覆盖范围偏窄、办理进度较慢、合作模式单一、配套措施缺乏等问题，加上长期以来我国金融体系中银行机构一直占据着主要位置的现状没有改变，通过政府支持和引导科技信贷发展依旧是科技金融的主要形式，然而银行机构针对科技型企业的金融产品和服务方案创新不足，仍然倾向于为成熟的项目或国有大中型企业提供投融资服务，科技型企业尤其是中小企业融资仍然采取传统的实物抵押、保证贷款业务等方式和路径，结果真正急需资金但又融资困难的科技型企业尤其是种子期、初创期企业难以获得银行、创投等金融机构的青睐，融资渠道不多。在中介服务方面，虽然为推动解决政府、企业、金融机构之间投融资服务信息不对称问题，已初步建立了全省科技金融服务网络，但是，由于全省企业信用体系建设缺位，缺乏公信力和权威性强的专业评估、中介信息服务等机构来夯实服务基础，所以服务手段碎片化、服务效率偏低。

第二节　广东省科技金融发展环境

党的十九大报告指出，我国经济已经逐步向高质量发展阶段转变，推动

供给侧结构性改革是把握引领经济发展新常态的重大创新，是适应后国际金融危机时期综合国力竞争新形势的必然选择。围绕这一发展大势，社会经济活动的各个环节必须把握创新引领、协同发展的主线，实现实体经济、科技创新、现代金融协同发展，推动科技创新在实体经济发展中的贡献率不断提升，现代金融服务实体经济的能力持续增强。基于此，本节通过宏观政策、经济发展、科技发展环境简要梳理广东科技金融发展的环境。

一、宏观政策环境

长期以来，科技发展与经济发展"两张皮"是一直未得到有效解决的重点课题。面对经济增长从要素驱动转向创新驱动的关键时期，政府、市场合作构建有利于创新创业的科技金融环境，为科技型中小企业提供投融资便利，已经列入各级政府在新形势下的关键任务。国家层面一直支持鼓励科技与金融结合，相继出台了各种支持政策和措施。2006 年颁布实施的《国家中长期科学和技术发展规划纲要（2006～2020）》及其若干配套措施，明确了加强科技资源和金融资源的结合，并在信贷市场、资本市场、保险市场等各项金融服务方面提出了七项措施，把科技和金融结合工作推向综合化发展的新阶段。2010 年，科技部和"一行三会"出台了《促进科技和金融结合试点实施方案》，首次提出了"实现科技创新链条与金融资本链条的有机结合，为从初创期到成熟期各发展阶段的科技企业提供差异化的金融服务"，构建科技、财政、税务、金融部门和机构上下联动的工作推进机制。2011 年，科技部、财政部、国资委、国家税务总局和"一行三会"等八部门联合出台了《关于促进科技和金融结合加快实施自主创新战略的若干意见》，提出深化科技、金融和管理改革创新，实现科技资源与金融资源的有效对接，加快形成多元化、多层次、多渠道的科技投融资体系，为深入实施自主创新战略提供重要保障。该文件的出台标志着"科技金融"工作的"番号"正式确立，开启组织化、系统化推进科技金融工作的新纪元。2016 年颁布实施的《国家创新驱动发展战略纲要》提出，要探索建立符合中国国情、适合科技创业企业发展的金融服务模式，鼓励银行业金融机构创新金融产品，拓展多层次资本市场支持创新的功能，积极发展天使投资，壮大创业投资规模，运用互联网金融支持创新。充分发挥科技成果转化、中小企业创新、新兴产业培育等方面基金的作用，引导带动社会资本投入创新。2017 年 7 月 1 日，在习近平总书记的见证下，国家发展改革委与粤港澳三地政府签署了《深化粤港澳合作推进大湾区建设框架协议》，明确提出要在"打造全球科技创新中心"深化各方合作，其中"粤港澳科技金融人才与企业服务"被列为各方重大合作事项之一。

纵观多年来公布的宏观政策，利用金融手段促进科技型企业发展从而促进经济转型升级，已经取得各级政府和社会各界的广泛共识，科技金融工作在政策层面越来越受到重视。

二、经济发展环境

当今世界正经历前所未有之大变局，经济全球化发展趋势不可逆，产业变革和技术革命方兴未艾。党的十八大以来，我国经济发展取得历史性成就、发生历史性变革，经济发展也已由高速增长阶段转向高质量发展阶段，步入了新时代发展进程。表现为：经济实力跃上新台阶，国内生产总值从 54 万亿元增加到 82.7 万亿元，年均增长 7.1%，占世界经济比重从 11.4% 提高到15% 左右，对世界经济增长贡献率超过 30%。财政收入从 11.7 万亿元增加到 17.3 万亿元，为其他领域改革发展提供了重要物质条件。经济结构出现重大变革，消费贡献率由 54.9% 提高到 58.8%，服务业比重从 45.3% 上升到51.6%，成为经济增长主动力。

广东作为改革开放的排头兵，经济社会发展各项指标均走在全国前列。2017 年全省地区生产总值达到 8.99 万亿元，连续 29 年居全国首位；地方一般公共预算收入达 1.13 万亿元，成为全国首个超万亿元的省份；社会融资规模达2.2 万亿元，是 2012 年的 1.8 倍；进出口总额连续五年超 6 万亿元，出口占全国比重达 27.5%。在结构调整方面，一、二、三产业比重为 4.2∶43.0∶52.8，现代服务业增加值占服务业比重达 62.6%，民营经济增加值占生产总值比重达 53.8%，主营业务收入超 100 亿元、1000 亿元的企业分别达 260 家、25家，进入世界 500 强的企业从 4 家增加到 11 家，上市公司总市值达 14 万亿元。然而，广东在经济社会发展中仍然存在许多不平衡不充分的矛盾和问题，主要表现为：从区域发展协调性和整体性看，粤东西北与珠三角地区发展在地区生产总值、地方财政一般公共预算收入、金融机构存款等方面差距较大，2017 年广东地区发展差异系数高达 0.6751，而同期全国平均水平为 0.4457；从经济增长动力看，近年来珠三角地区劳动力受教育水平不断提高，人力资本积累持续加快，人力资本、科技创新和技术进步等要素质量提升逐步成为经济增长的主要动力，而粤东西北地区仍处于要素规模扩张阶段，经济发展的创新因素较微弱，发展方式相对粗放，技术创新能力不强；从发展阶段看，目前珠三角地区整体处于工业化后期，产业发展较为充分，并向现代产业体系迈进，粤东西北地区工业化进程大体处于工业化中期阶段，明显落后于珠三角地区，有些指标甚至低于全国平均水平，发展还不够充分，工业化进程仍需加快。

经济水平的不断提升为科技金融发展提供了坚实的基础，而实体经济在金融与科技加速融合的过程中也得到了进一步发展。科技金融着力解决小微企业融资难融资贵问题，支持企业科技创新，推动实体经济转型升级。金融科技也是支撑区域经济融合发展、解决区域发展不平衡矛盾的关键要素之一，在大数据、云计算、人工智能、区块链等技术的广泛应用之下，弥补了传统金融的不足，提升了金融机构的服务效率，优化了资源配置，降低了运营成本，已成为推动经济增长的新动能。

三、科技发展环境

习近平总书记指出，我国经济总量已跃居世界第二位，社会生产力、科技实力迈上了一个新的大台阶。党的十八大以来，我国科技事业取得了历史性成就，科技创新水平加速迈向国际第一方阵，进入"三跑并存、领跑并跑日益增多"的历史性新阶段，主要创新指标进入世界前列：2017年，全社会研发（R&D）支出预计达到1.76万亿元，占国内生产总值（GDP）比重为2.15%，超过欧盟15国2.1%的平均水平；发明专利申请量和授权量居世界第一，有效发明专利保有量居世界第三，科技进步贡献率升至57.5%，国家创新能力排名从2012年的第20位升至第17位。大众创业、万众创新蓬勃发展为快速崛起的新动能，正在重塑经济增长格局、深刻改变生产生活方式，成为中国创新发展的新标志。

2017年，广东省委省政府认真贯彻落实党的十九大精神，启动并扎实推进国家科技产业创新中心和珠三角国家自主创新示范区建设，推出实施创新驱动发展"八大举措"，不断加强组织领导，完善成果转化机制，优化创新创业环境，促进科技与产业、市场、资本高效对接，推动广东省科技工作取得了实实在在的效果，国家科技产业创新中心建设实现良好开局。2017年，全省区域创新能力首次超过江苏跃居全国首位，其中企业创新、创新环境、创新绩效 3 个指标均排名第一，科技投入产出持续增加，全省研发（R&D）投入 2300 亿元，占 GDP 比重提高到 2.65%，国家级高新技术企业从 6652 家增加到 3 万家，跃居全国第一。高新技术产品产值达 6.7 万亿元，年均增长 11.4%，有效发明专利量、PCT 国际专利申请量及专利综合实力连续多年居全国首位，关键核心技术不断获得突破，技术自给率达 72.5%，科技进步贡献率达 58%。但我们也要清醒地看到，广东科技工作仍存在薄弱环节，表现为区域创新能力领先优势不明显、基础还不牢固，在知识创造、知识获取这两个分项指标上常年落后于兄弟省市。

国家和广东省科技创新能力日益增强推动着科技金融不断向前发展，广东省科技金融发展要充分利用科技进步的红利，主动开拓创新，积极发挥新一代信息技术对金融的渗透作用，推动金融科技优化升级，探索金融服务创新，助力广东省创新驱动发展。

第三节 新经济背景下科技金融的发展趋势

贯彻落实创新驱动发展战略是当前举国上下科技创新工作的行动指南，抢占国际科技发展制高点、推动经济高质量发展面临前所未有的机遇和挑战，必须从科技资源和金融资源优化配置和高效利用的角度，系统把握新时代科技金融工作发展的新趋势，为重塑国家和区域竞争优势提供强大的支撑。

一、大规模科技投入浪潮依然持续

面对科技创新发展新趋势，世界主要国家都在积极寻找突破口，加大科技投入来抢占经济和科技发展的先机。2018 年 3 月，经济合作与发展组织（OECD）发布了最新的《主要科学技术指标》（Main Science and Technology Indicators，MSTI），对 OECD 国家和其他主要经济体的研发投资状况进行了最新评估，数据显示 OECD 国家 2016 年度的研发强度已连续第四年稳定保持在 2.4%。其中，美国的研发支出一直居首位，在 OECD 国家的研发总支出中约占 40%，2016 年美国的研发强度继续稳定在 2.7%。2016 年，OECD 国家的实际研发支出增长了 1.2%，与总体 GDP 的增长相符。其中，以色列和韩国分别以 4.25% 和 4.24% 的占比继续保持了最高的研发强度。中国的研发强度呈稳定增长趋势，2015 年达到 2.12%，仅比 OECD 国家的平均水平低 0.23%。2013 年和 2015 年，中国的研发强度和原始研发支出超过了欧盟；2016 年，中国的研发支出比欧盟全部国家的支出还多 15%。一些经济欠发达地区如中东、南美洲、中亚以及非洲、中美洲和加勒比地区也在加大科技投入，加速发展具有比较优势的技术和产业，谋求实现跨越式发展。

二、加快科技成果向现实生产力转化

纵观全球科技创新产业发展，利用科技金融创新机制是加快科技成果转化效率的最重要措施。大力提高科技成果转化能力，已成为新时代经济高质量发展的迫切需求。2015 年 8 月修订的《中华人民共和国促进科技成果转化法》提出"国家金融机构应当在信贷方面支持科技成果转化，逐步增加用于科技成果转化的贷款""国家鼓励设立科技成果转化基金或者风险基金，其资金来源由国家、地方、企业、事业单位以及其他组织或者个人提供，用于支持高投入、高风险、高产出的科技成果的转化，加速重大科技成果的产业化"，将金融支持科技成果转化纳入法制管理的运行轨道，为我国各级财政建立和完善法制化、制度化支持科技成果转化奠定了具有长远意义的基础。2017 年 9 月，新修订的《中华人民共和国中小企业促进法》明确提出"中央财政应当在本级预算中设立中小企业科目，安排中小企业发展专项资金""中国人民银行应当综合运用货币政策工具鼓励和引导金融机构加大对小型微型企业的信贷支持，改善小型微型企业融资环境"。党的十九大提出了建设现代化经济体系的重大理论命题和实践课题，更提出了金融要加大支持实体经济发展的要求，就是要强化科技创新，打通科技与经济结合的通道。

三、科技资源配置市场导向原则凸显

科技资源配置中长期存在且核心的命题是处理好政府与市场之间的关系，协调发挥"看不见的手"和"看得见的手"两者的作用。党的十九大强调，要使市场在资源配置中起决定性作用，更好发挥政府作用，解决这一问题根本上要靠改革，让企业真正成为创新的主体，通过市场筛选把新兴产业培育起来。市场导向原则并不是否定政府行为，而是要充分发挥社会主义市场经

济制度的优越性，通过加大财政科技投入力度，发挥财政资金的杠杆效应，引导、示范金融机构加强和改善对企业技术创新的金融服务，加大资本市场对科技型企业的支持力度。

四、科技金融系统性创新逐步加强

金融业作为服务业的重要组成部分，从科技金融的视角来看，其基本目标是解决科技型企业融资难和融资贵的问题，针对企业在不同的发展阶段拥有不同的融资需求，金融服务科技创新活动主要包括债权融资、股权融资、上市融资等多种方式，具体而言，科技金融涉及的维度主要有科技贷款、创业投资、多层次资本市场、科技保险等多种手段。基于此，美国、德国、日本等发达国家多年的实践表明，要在国家战略导向下借助多样化财政投入方式、政策性金融机构、多层次资本市场等构建整体化的科技金融创新生态系统，为不同类型、不同行业、不同发展阶段的企业提供精准化科技金融服务，提高金融供给的普惠性和可得性。

第四节 新时期广东省科技金融发展路径思考

当前，广东省正处于决胜全面建成小康社会、开启社会主义现代化建设新征程的关键期，深入推进科技金融工作，对广东省加快建设国家科技产业创新中心和创新型省份都具有十分重要的意义，结合广东省经济与社会发展需求，全省科技金融发展应该着力开展以下工作。

一、构建完善的科技金融政策体系

建立与科技成果转化相适应的科技金融政策体系，弥补科技型企业投融资过程中存在的市场失灵问题，政府要主动担当，有所作为。一是要率先落实好国家自主创新示范区"6+4"政策和广东省有关自主创新政策，包括科研项目经费管理改革、非上市股份转让、科技成果使用处置和收益管理等相关政策及其配套措施；二是要推动科技与金融部门、省市部门在政策设计、制定上的多方联动，协调推进全省科技金融工作，在科技政策体系上与金融政策有机结合，在科技计划体系上与金融计划体系有效对接；三是要加快推进创新创业的体制机制创新和政策探索，研究制定支持珠三角国家自创区建设发展的科技政策措施，重点在深化科技体制改革、完善科研人员管理、科技资源开放共享、区域协同创新等方面积极探索，建立适应创新发展需要的财政科技经费投入和评价机制。

二、完善科技金融专业化服务体系

科技金融工作是一项专业性、探索性较强的工作，为科技型中小企业投融资提供新型服务既要在专业化、精准服务方面下功夫，也要推动这些专营机构往体系化方向发展，支持金融机构与科技部门开展科技金融合作模式创新试点。一是着力推进普惠性科技金融。普惠性科技金融是全省创新驱动发展的一项重要内容，针对科技型中小企业融资难、融资贵和资源错配问题，要继续大力发展普惠性科技金融，探索符合科技型企业特点的信用评价体系和服务模式，着力引导科技金融广泛惠及科技型企业及各类创新创业主体。争取尽快形成可复制、可推广的试点经验，加强普惠性科技金融政策宣传推广，不断扩大普惠性科技金融政策的覆盖面。二是鼓励设立创新型科技金融机构。探索设立科技银行、科技保险、科技融资租赁等创新型金融机构，支持金融机构在全省高新区、科技企业孵化器等科技资源集聚地区设立科技支行、科技小额贷款公司等机构。三是鼓励有条件的机构培养懂行业、懂技术、懂金融的复合型人才，组建专业行业分析和管理团队，采取培训、跟班、挂职等方式，提升科技工作人员的科技创新服务能力。

三、充分调动资本市场资源促进科技成果转化

深化金融体制改革创新，增强金融服务实体经济能力，提高直接融资比重，促进多层次资本市场健康发展，加速科技成果转化。一是要大力支持科技企业与多层次资本市场对接，拓宽融资渠道，增强企业发展活力。结合广东省高新技术企业树标提质行动计划，通过择优培育一批、改制辅导一批、申报上市一批等措施，借助资本市场的力量，提高科技企业的融资和创新能力，实现高新技术企业数量持续扩大、创新能力显著提升，培育发展一批百强标杆企业和"独角兽"企业。二是要充分发挥广东省创新创业基金的政策性引

导带动作用。引导带动社会资本投向具有较强创新性的初创科技企业，促进具有较高发展潜力的创业项目落地，支持各类以初创企业为主要投资对象的创业投资企业开展投资，帮助解决科技企业和创新创业项目的融资难问题。扶持高新技术企业做大做强，争取加快培育发展战略性新兴产业，为广东省供给侧结构性改革提供有力支撑。三是要加快推动技术转移平台建设。整合现有分散的科技成果转移转化平台，汇聚全省科技服务机构、科技金融资本、科技企业孵化器、产业园区等科技成果转移转化支撑服务资源，建设立足广东、放眼全国、瞄准国际、华南地区最具活力和影响力的战略性、引领性、综合性枢纽平台，打造成为全省科技成果转化体系建设的龙头。

四、优化科技金融发展基础环境

科技金融生态环境，能有效推动科技金融创新、为科技金融市场机制的发挥奠定良好基础。一是要探索符合新时代实践需求的科技金融服务模式；二是要高标准筛选建立覆盖全省的科技型企业数据库，与省内各地市科技、财政部门建立科技企业数据库省市共享机制，设立简洁有效的分类和监控指标体系，根据入库企业的不同发展阶段和相关指标提供精准到位的政策扶持；三是要持续举办中国创新创业大赛广东赛区、深圳赛区、港澳台赛区三个赛事，加大支持力度，打造两岸四地创新创业竞赛品牌，推动尊重知识、崇尚创新、自主创业的价值导向逐步深入人心，营造敢为人先、宽容失败、爱护人才的创新创业文化。

五、充分发挥毗邻港澳地区的金融资源优势

依托粤港澳良好合作基础，充分发挥粤港澳科技和产业优势，积极吸引和对接全球创新资源，建设开放互通、布局合理的区域创新体系，探索协调协同发展新模式，深化珠三角九市与港澳科技创新和金融创新全面务实合作。充分发挥粤港澳尤其是香港、澳门、广州、深圳等地资本市场和金融服务功能，探索合作构建多元化、国际化、跨区域的科技创新投融资体系，大力拓展直接融资渠道，依托广州股权交易中心、广东金融高新区股权交易中心、深圳前海股权交易中心等机构，建设覆盖大湾区的科技创新金融支持平台，重点发挥香港国际金融中心的地位优势，推动其打造大湾区高新技术产业融

资中心，引领广州、深圳、珠海等重点城市不断完善现代金融服务体系，建设区域性、开放性、国际化的私募股权交易市场、资本市场，加快推进金融开放创新与跨境金融合作示范。依托港澳科技金融方面优势资源，为广东建设高层次科技金融服务机构开展培训等活动，提升整体科技金融服务水平，针对广东不同阶段的科技企业，借助港澳资本市场融资相关专业服务力量，有序推进大湾区科技金融服务互联互通。

第二章 广东省科技金融政策支撑体系

第一节 广东省科技金融政策体系现状

多年来，广东按照省委、省政府的决策部署，把促进科技和金融结合作为深化科技体制改革，完善区域创新体系和创新创业环境，提升自主创新能力和国际竞争力的重要抓手，大胆探索、先行先试，不断完善政策体系，积极开展区域试点示范，打造粤科金融集团和高新区科技金融服务综合体等重大平台，初步形成科技与金融互促共进的良好局面。在政策制定方面，推动试点示范，探索科技金融结合新路径，调整管理机制，发挥国有科技金融资本的引导和带动作用，建立服务平台，服务科技型企业，建立风险分担机制，引导社会资本投入科技创新。

一、年度出台政策总体数量

2006 年以来，广东省出台了一系列政策措施力促科技金融结合。截至 2017 年年底，广东全省范围内累计出台科技金融相关政策 201 份，年均颁布科技金融相关政策文本约 17.08 项，数量多、频率高，呈现震荡式增长趋势。其中，2017 年出台 16 份，较 2016 年出现大幅回落，主要原因在于 2015 年国务院批复同意支持珠三角国家高新区建设国家自主创新示范区，以及同时出台了《国务院关于大力推进大众创业万众创新若干政策措施的意见》，经过一年多的酝酿和修改，2016 年的政策呈现井喷现象，到 2017 年，政策出台量与平均量基本持平，呈现正常态势，具体如图 2 - 1 所示。

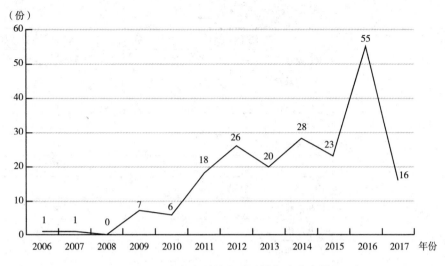

图 2-1 广东省科技金融政策年度发布量

数据来源：广东省科学技术厅。

二、政策出台主体情况

广东省出台的科技金融相关政策涉及科技、财政、金融、保险、科技信贷、风险投资、多层次资本市场等方面，因此，政策颁布的部门呈现多元化趋势（如表 2-1 所示）。

表 2-1 　　　　　　广东省科技金融政策颁布主体情况 　　　　　　单位：份

层次	颁布主体	单独发布数	联合发布数
省级	省政府	35	1
	省人大及常委会	4	
	省科技厅	7	4
	省金融办		2
	省财政厅		1
	省银监局	1	
	省知识产权局		1
	省自贸办		3
	省自创办		1
	省住建厅		1

续表

层次	颁布主体	单独发布数	联合发布数
市级	市政府	128	6
	市人大及常委会	2	
	科技局	5	4
	财政局		4
	城乡规划局		1
	住建局		1
	科创委	2	2
	广州南沙区管委会		1
	中共广州市委	1	2
	中共深圳市委		3
	珠海高新区	1	

数据来源：广东省科学技术厅。

从颁布政策的主体来看，广东省科技金融政策表现出两个明显特征。一是政策颁布主体丰富。广东省科技金融政策的制定单位和部门共 21 家，颁布的主体分为省级和市级，涵盖了省政府、各地级市政府及其直属机构科技厅、银监局、科技局、财政局、科创委等，形成了完善的广东省科技金融发文主体体系。二是颁布主体分工明确。参与制定的各单位和部门在各自的职能范围内，积极履行职责，颁布了内容详细的科技金融政策。如广东省人大及各地级市人大作为立法部门，制定了《广东省科技成果转化条例》《广州市科技创新促进条例》等权威性政策；广东省政府及各地级市政府发挥顶层设计的作用，制定了《广东创新型省份建设试点方案》《关于发展普惠性科技金融的若干意见》《广东省促进科技企业挂牌上市专项行动方案》《广州市人民政府关于加快科技创新的若干政策意见》《佛山市人民政府办公室关于促进金融科技产业融合发展的实施意见》等指引性文件，明确提出发展目标与方向，为各职能部门开展科技金融工作打下坚实的基础。

三、政策颁布地区分布情况

广东省内各地市出台政策情况如图 2 - 2 所示，省级科技金融政策数量位居首位，达 51 项，广州、东莞、深圳、珠海等地级市也有较多数量的科技金融政策出台，但科技金融政策地区差异较大，形成了珠三角和粤东西北两个极端。

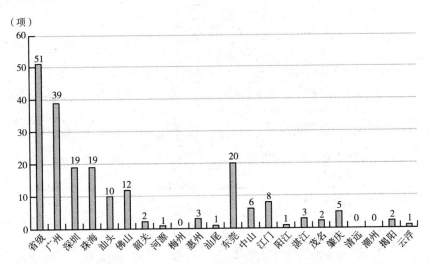

图 2 - 2　广东省内各地市颁布科技金融政策情况

数据来源：广东省科学技术厅。

从分布情况看，粤东西北地区政策出台偏少，仅占全省总量的 11.4%，主要原因在于政策的出台与地区经济和科技发展水平也有密切关系。"广佛莞深"作为国家首批 16 个促进科技金融结合试点地区之一，对科技金融政策的重视程度较高，并积极发挥试点的优势，形成了较为完善的科技金融政策体系。例如，广州市先后出台了《广州市人民政府办公厅关于促进科技、金融与产业融合发展的实施意见》《广州市科技型中小企业信贷风险补偿资金池管理办法》《广州市科技型中小企业贷款担保资金管理办法》《中国人民银行广州分行　广州市科技创新委员会　广州市金融工作局关于进一步加强金融支持广州科技创新发展的实施意见》等一系列科技金融政策。

四、2017 年出台的主要政策

2017 年，广东省政府从顶层设计和战略规划的高度制定了《广东创新型省份建设试点方案》和《广深科技创新走廊规划》，明确指出科技金融将作为支撑广东省创新驱动发展的重要工作抓手。广东省科技厅就进一步促进科技与金融结合出台了一系列政策措施，具体如表 2-2 所示。

表 2-2　　　　　　　　2017 年广东出台的主要科技金融政策列表

序号	文件名称
1	广东省人民政府关于印发《广东创新型省份建设试点方案》的通知
2	中共广东省委广东省人民政府关于印发《广深科技创新走廊规划》的通知
3	广东省科学技术厅关于印发《关于发展普惠性科技金融的若干意见》的通知
4	广东省科学技术厅　中国建设银行广东省分行关于开展普惠性科技金融试点工作的通知
5	广东省科学技术厅关于印发《广东省促进科技企业挂牌上市专项行动方案》的通知
6	广东省科学技术厅　中国银行广东省分行关于进一步深化科技与金融结合服务科技型中小企业的通知

数据来源：广东省科学技术厅。

（一）深化科技与金融结合工作

2017 年 1 月 23 日，广东省政府印发《广东省人民政府关于印发广东创新型省份建设试点方案的通知》，提出推进科技金融综合实验，具体包括：一是深化科技金融结合试点工作。将科技金融产业融合试验从深圳、广佛莞国家科技金融结合试点地区推广到高新区、经济技术开发区、国家高技术产业化基地、工业园区、产业转移园、专业镇等。积极发展和利用资本市场，推动科技型企业通过上市、"新三板"挂牌等融资发展。推进区域性股权交易市场创新发展，积极将区域性股权交易市场与科技型中小微企业扶持政策结合，打造科技型中小微企业资本市场孵化平台。建立健全技术产权交易市场，深入开展科技、金融、产业融合创新发展试验。二是深入推进科技信贷发展。发挥广东省科技再担保基金的规模效应，扩大科技担保机构的担保规模。完善政府科技贷款风险补偿机制，探索设立准法人科技贷款专营机构，用好知识产权质押融资风险补偿资金。引导金融机构设立科技支行、科技小额贷款公司等。鼓励银行与创投机构开展投贷联动试点，率先设立科技股权基金。支持金融机构扩大质押物范围，开展股权、专利权、商标权和版权等担保贷款业务。支持商业银行开放普惠性科技金融服务产品和服务，改进信用评估和信贷审查办法。三是培育发展创业投资。充分发挥省重大科技成果产业化基金和省重大科技专项创业投资基金的杠杆作用，引导和撬动社会资金投入科技成果产业化。开展知识产权证券化试点、股权众筹融资试点和全国专利保险试点等，引导保险资金投向创业投资基金，探索实施创业投资机构税收优惠政策，完善天使投资风险补偿制度以及向社会资本适度让利的基金收益分配机制，完善国有创业投资机构激励约束机制和监督管理机制。

2017 年 9 月 13 日，广东省科学技术厅联合中国银行广东省分行印发《广东省科学技术厅　中国银行广东省分行关于进一步深化科技与金融结合服务科技型中小企业的通知》，该通知围绕深化科技与金融结合工作，提出具体工作措施，包括：创新合作组织形式，扩大科技信贷风险分担覆盖范围，探索投贷联动方式支持科技型企业发展，以及大力推广科技计划立项贷业务等。两家单位在前期工作基础上，深入开展政银合作，加强科技资源和金融资源的结合，进一步加大对科技型中小企业的信贷支持，促进科技产业持续健康发展。

（二）打造国际风投创投中心

2017 年 12 月 25 日，中共广东省委、广东省人民政府正式印发《广深科技创新走廊规划》，在规划中提出要打造国际风投创投中心。加快省级政府性基金整合，组建大型科技创新基金，带动社会资金投入创新创业和科技成果转化，综合运用股权投资子基金、联合投资、风险补偿、政府让利等各种方式，发挥政府创业投资引导基金的集聚放大作用。优化创业投资产业布局，规划建设一批基金产业园、基金小镇或股权投资基地。加强与综合实力领先的创业投资机构开展合作，带动区域创业投资发展。鼓励省内非上市股份公司到区域性股权交易市场集中登记托管，为创业投资企业投资退出创造条件。争取国家支持，探索建立区域性股权交易市场与新三板的专版对接机制，由区域性股权交易市场与证券公司合作开展新三板业务；探索建立新三板与创业板、创业板与中小板的转板对接机制。研究特殊股权结构类创业企业到创业板上市的制度设计。发挥深圳风投创投资源集聚优势，实现高水平的科技金融深度融合。规划还列举了完善技术服务平台体系的科技金融服务典型案例：广州依托广州科技金融综合服务中心，推动建立和完善科技金融"一站式"公共服务平台。

（三）大力发展普惠性科技金融

2017 年 1 月 4 日，广东省科学技术厅联合中国建设银行广东省分行发布《关于开展普惠性科技金融试点工作的实施方案》。该方案基于改变国内金融行业对科技企业的评价体系一直沿用以财务报告为核心的传统办法，采用

"技术流 + 能力流"的方式,辅以《小微科技企业科技创新综合实力评分卡》这一套更加全面、精准的评价体系,解决小微科技企业融资难问题。在广州、珠海、汕头、佛山、东莞、湛江、清远等七个地市开展普惠性科技金融试点工作,支持金融机构建立小微科技企业贷款审批授权体系和专属评价体系,鼓励各试点市科技系统进行政策创新,配套出台小微科技企业贷款风险补偿政策等有关政策,加强各类政策的宣传推广,让科技金融惠及至小微科技企业及青年创客,有效促进科技成果转化,全面激发大众创新创业活力,增强实体经济发展新动能。试点工作任务主要包括:建立试点工作推进机制,建立小微科技企业贷款审批授权体系,建立小微科技企业专属评价体系,配套出台科技金融政策措施等。该方案还对试点工作的进度提出了时间节点和保障措施。

2017 年 1 月 5 日,广东省科学技术厅印发《关于发展普惠性科技金融的若干意见》,旨在促进科技、金融、产业全面融合发展,扩大科技金融的普惠面,有效促进科技成果转化,进一步激发全社会的创新创业活力。该意见共包括十一条:探索设立科技股权基金,引导银行开展科技企业股权质押贷款业务;用好科技企业信贷风险准备金,引导银行扩大科技信贷;鼓励和支持金融机构开展金融创新,积极开发普惠性科技金融产品;加强科技转贷扶持工作,降低科技型中小微企业融资成本;大力发展风险投资和天使投资,引导创业投资资金投向前端;鼓励发展科技企业并购基金,加快经济产业转型升级;加强科技金融服务,完善全省科技金融服务体系;加强科技金融人才队伍建设,实施科技金融特派员计划;引导金融服务与科技"四众"平台融合发展,为创新创业提供有力支撑;进一步完善财政科技投入方式,提高科技政策创新与金融政策创新的契合度;在珠三角国家自主创新示范区先行先试,加强组织保障协同推进。

(四)促进科技企业挂牌上市

2017 年 8 月 7 日,广东省科学技术厅印发《广东省促进科技企业挂牌上市专项行动方案》。该方案结合省高新技术企业树标提质行动计划,以提高科技企业融资和创新能力为目的,以促进科技企业挂牌上市为目标,以科技企业挂牌上市数据库为基础,建立完善工作机制,搭建科技企业技术创新支撑平台和投融资服务体系,促进科技和金融深度融合,实现高新技术企业数量持续增长、创新能力显著提升。力争到 2020 年培育发展一批百强标杆企业和20家左右"独角兽"企业,努力把广东省高新技术企业的数量优势转化为发展优势。针对不同阶段的科技企业,开展上市培育辅导,完善科技金融外部环境和激励措施,组织推动省内科技企业在不同层级资本市场间挂牌、转板、上市、交易、融资。力争到2020年末,全省在主板、中小板、创业板上市的科技企业数量超450家,在新三板挂牌的科技企业数量超2400家,在省内股权交易中心挂牌的科技企业数量超25000家,构建科技企业挂牌主板、中小板、创业板、新三板(全国中小企业股份转让系统)、四板(区域股权交易中心)的发展梯队。主要任务包括:分类筛选挂牌上市科技企业,加强科技企业挂牌上市的辅导培育,推动科技企业对接不同层次的资本市场,推动科技金融中介和人才发展,加大科技企业挂牌上市的扶持力度等。

第二节 省级和部分地市科技金融财政专项资金情况

一、省级财政科技金融专项资金概况

2016年,广东省出台《关于深化广东省级财政科技计划(专项、基金等)管理改革的实施方案》,提出将省财政"科技发展专项资金"的使用范围划分为五大类用途,"产业技术创新与科技金融结合类"作为五类之一,主要是指由省级财政预算安排,专项用于引导和带动社会资本参与科技创新、支持自主创新成果转化与产业化的资金。专项资金的支持对象,为在广东省内注册,具有健全的财务管理机构和财务管理制度的企业及其他有关单位。专项资金主要用于:调动全省信贷机构扩大科技项目和科技型中小企业信贷规模和提升科技项目和科技型中小企业信贷额度;调动全省风险投资机构对科技型中小企业的投资;全省科技金融服务体系建设等。

2017年广东省设立产业技术创新与科技金融专项资金,分为三个专题:省级科技信贷风险准备金、新型科技金融服务以及创新创业大赛组织和优胜企业和团队创新创业补贴,全年共投入1.7591亿元支持科技创新。自2014年设立科技金融专项资金以来,累计投入12.7496亿元。如图2-3所示。

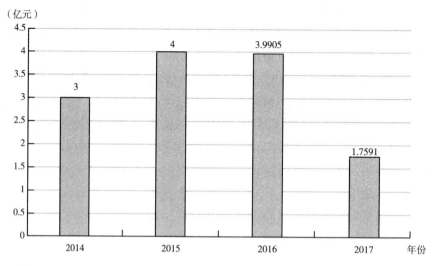

（亿元）

图 2 - 3　财政科技金融专项资金投入情况

数据来源：广东省科学技术厅。

二、部分地市科技金融专项概况

（一）广州市

2017 年度科技与金融结合专项项目立项数量达 1120 项，发放超过 2 亿元补贴。在引入投资补贴方面，为 134 家企业发放 7974 万元补贴；在投资机构中长期股权投资补贴方面，为 1 家企业发放 80 万元补贴；在科技信贷贴息方面，为 250 家企业发放 1684 万元补贴；在科技保险补贴方面，为 170 家企业发放 1209 万元补贴；在科技企业上市（挂牌）补贴方面，为 560 家企业发放 8425 万元补贴；在创新创业活动补贴方面，为 5 家企业发放 719 万元补贴。

（二）深圳市

1. 银政企合作贴息项目。为充分发挥财政资金的引导和放大作用，撬动银行资本对中小微企业科技研发及科技成果转化的投入，对入库企业并获得合作银行贷款的入库项目予以贴息资助。截至 2017 年 6 月，累计入库项目 1089 项，累计对入库企业予以 5600 多万元贴息资助，300 多家入库企业获得合作银行贷款，合作银行发放贷款总额 50 多亿元。银政企合作项目的实施，有效缓解了企业融资难融资贵的问题，降低了创新成本，促进了创新创业。

2. 股权投资项目。截至 2017 年 12 月，经单位申报、专家评审、现场考察、股权评估、社会公示、审批机关审定等程序，市财政委和市科创委联合下达了股权投资项目 158 家，下达资助资金计划 14.48 亿元，实际完成拨款企业 136 家，实际已投金额 12.56 亿元。股权投资项目的实施改变了以往政府无偿资助和直接管理项目的支持、管理方式，通过财政资金阶段性地持有股权、适时退出，为财政资金保值增值、良性循环提供新路径。

3. 科技金融服务体系建设项目。2017 年上半年对 7 个科技金融服务体系建设项目予以 386.6 万元资助，累计资助 41 项，资助金额共计 2043.6 万元。

（三）佛山市

2017 年，佛山市已发起设立总规模 200 亿元的创新创业产业引导母基金，其中市财政分期投入 20 亿元。第一期市财政共投入 7.8 亿元，参与组建 10 支子基金，基金总规模已达 93.5 亿元。顺德区成立了规模 10 亿元的顺德区创新创业投资母基金，至 2017 年底实缴达到 5 亿元，并围绕顺德区重点扶持的智能制造和生物医药两大领域与 20 家机构展开合作，19 只子基金已完成工商注册手续，规模合计 39.3 亿元，母基金实现投资 1.79 亿元。佛山市科技型中小企业信贷风险补偿基金从 2014 年 9 月设立以来，资金规模已达 1.73 亿元，采用信贷风险补偿和贷款贴息等形式，健全财政资金对科技型企业投入的风险补偿分担机制，降低科技型中小企业融资成本和难度。截至 2017 年 12 月，当年新增授信企业 106 家，授信金额 66970.10 万元；提款企业 111 家，提款金额 60697.63 万元。累计授信企业 337 家，授信金额 298432.10 万元；累计提款企业 303 家，提款金额 245008.32 万元；累计收回贷款 185325.39 万元。2014 年 9 月 1 日~2016 年 6 月 30 日的基金项下首批贷款贴息共有 57 笔贷款业务符合贴息要求，贴息总金额 2462681.40 元。

（四）东莞市

东莞市设立了 2 亿元信贷风险补偿资金池，安排了首期 5000 万元的种子基金，并于每年设立 9000 万元的贷款贴息专项资金和 2000 万元创业投资机构风险补助资金，着重推动信贷风险池、创新创业种子基金、贷款贴息专项资金等正式运作，同时安排了专项资金对购买科技保险的企业进行补贴。截至 2017 年底，种子基金共投资大研自动化、左右缤纷等企业 8 家，投资金额达 944 万元；累计拨付风险补偿金 1349 万元，实际累计拨付贷款贴息 7184.32 万元，惠及企业 505 家，平均每户贴息约 14.23 万元；共推动 94 家企业参与投保，保费共计 828.57 万元，保额达 164.6 亿元，发放保费补贴共计 274.35 万元。

（五）中山市

近年来，中山市大力实施创新驱动发展战略，认真落实广东省创新驱动发展"八大举措"，深化科技体制改革，创新财政科技投入方式，推进科技与金融深度结合，加快构建多元化、多层次、多渠道的科技投融资生态体系。2015 ~ 2017 年，全市科技金融专项共投入 4.5 亿元（其中 2017 年投入 2 亿元），直接带动 73 亿元资金投向科技创新领域，其中，近 58 亿元投向高新技术企业，助力高企"树标提质"，高企数量增长 7 倍，实现连续三年翻番。2017 年新增科技银行 2 家，科技贷款入池企业 390 家，发放贷款 22.76 亿元，贴息 239.9 万元。中山市还创新知识产权质押模式，以"政府 + 银行 + 保险 + 评估公司"组成了风险共担的新融资模式。知识产权质押融资保证保险与质押融资联动的中山模式获得国家知识产权局的肯定推广，2017 年共 340 家入池企业，发放贷款 5850 万元。为加快引导社会资金、金融资本投向科技领域，按照"政府引导、市场运作、科学决策、防范风险"的原则，中山市科技局与上市公司、产业园区等共同发起设立 5 只、总规模 12.2 亿元的科技创新创业投资基金，采用"10 倍以上放大效应、5 倍以上投在中山"的方式，投向初创期和成长期的科技中小企业。目前，5 只基金累计投资 37 个项目，投资金额 5.46 亿元。其中，2017 年新设立规模 5000 万元的点亮天使投资基金，推动科技成果转化，促进优质项目落地中山。此外，大力推进科技企业孵化器 + 投资基金（科技孵化资金）的科技金融模式，27 家科技企业孵化器，均配有科技孵化资金或天使投资基金。对企业上市、新三板挂牌、资本市场再融资等给予政策引导和财政补助，支持企业利用资本市场开展融资。2017 年，全市发放企业上市扶持资金 8368 万元，企业新增直接融资额 80.07 亿元，其中 IPO 募资 25.27 亿元，发行票据和债券融资 22 亿元。截至目前，全市境内外上市公司 31 家，其中，高新技术企业 15 家，募集资金 296.98 亿元；新三板挂牌企业 71 家，其中，高新技术企业 49 家，募集资金 10.33 亿元。

第三章　广东省科技金融综合服务体系

第一节　广东省科技金融服务中心发展概况

近年来，广东省依托广东省生产力促进中心建设全省科技金融综合服务中心的线上和线下网络，在线下建立 31 个科技金融综合服务中心，在线上建立并运行广东科技金融综合信息服务平台。目前，科技金融服务网络已经实现全省覆盖，通过创新科技金融服务模式，为发展壮大民营实体经济，加快建设创新型广东做出了积极贡献。

一、建设历程

2014 年，广东省提出探索建立覆盖全省的科技金融服务网络，支撑全省科技金融服务体系建设，经过四年的发展，全省科技金融服务网络已具雏形，初步形成了覆盖全省的"线下实体＋线上网络"的科技金融服务体系。具体发展阶段如下。

（1）2014 年 5 月，广东省首个科技金融服务分中心在汕头挂牌运作，全省科技金融服务网络建设正式拉开帷幕。10 月，依托广东省生产力促进中心组建的广东省科技金融综合服务中心正式成立，成为省科技厅推动全省科技金融服务网络建设的实施牵头单位及全省科技金融服务网络的中枢。

（2）2015 年 5 月，全省科技金融综合服务信息平台推广应用会召开，省级科技金融综合服务平台正式上线运营，采用信息化手段为企业提供科技金融服务，实现了全省科技企业与金融机构的信息互动与无缝对接。

（3）2017 年 7 月，广东省科技金融综合服务分中心数量达到 31 个，已实现珠三角地区的全覆盖，一个由省中心和 31 个分中心组成的全省科技金融服务网络布局已初步形成。

二、服务体系

广东省科技金融服务网络建立了"省中心—各地市分中心—工作站"的组织架构，逐步形成了市、镇（街道）、园区联动体系，并依托全省科技金融综合信息服务平台实现企业与金融机构的线上对接，形成覆盖科技企业成长全过程的科技金融业务链。

（一）省级科技金融综合服务中心

广东省科技金融综合服务中心是依托广东省生产力促进中心组建的，负责牵头指导全省各地市、高新区、专业镇开展科技金融服务网络建设。该中心自成立运作以来，逐步建立覆盖全省的线上与线下相结合的科技金融服务体系。

1. 线上服务平台。省中心搭建了科技金融信息服务平台，为全省科技型中小企业提供科技企业贷款、股权融资等对接服务，重点解决科技型企业融资过程中的信息不对称问题，实现科技型企业和金融机构跨地域实时信息交互，促进融资对接。通过在线平台整合科技型企业、金融机构等多方资源信息，免费为企业和相关金融机构提供完整、真实的科技金融信息，实现网上科技金融信息的互动和对接交易。企业通过该平台将能够一站式获取金融机构的产品和服务信息。相关金融机构和服务中介将能够动态掌握科技企业的全方位需求，发现和挖掘潜在优质客户，进一步拓宽企业的融资渠道和融资手段。此外，省中心协助各地市在投融资对接系统的基础上开发了分中心网页，优化完善系统功能和平台服务。

2. 线下实体运营。省中心依托实体运营机构为科技型企业提供科技金融政策、信息以及投融资等服务。

（1）科技金融特派员队伍服务。省中心先后在高校、科研机构、金融机构遴选了两批科技金融特派员，对口支援各分中心建设和服务。特派员利用自身的专业优势，下沉服务，深入一线跟踪了解企业需求，为企业融资发展提供个性化解决方案；及时响应各分中心的服务需求，协调资源协助分中心提供股权投资、银行贷款等专业服务。省中心聘请深交所、港交所、香港特区生产力促进局、"台湾生产力促进中心"等专业机构，围绕科技型企业融资、境外上市等问题为特派员队伍开展专题培训与业务交流，联合清华大学、浙江大学、中山大学等知名高校为特派员开展轮训，不断提升科技金融特派员专业化服务能力。

（2）组织开展科技金融专场培训辅导。省中心每年在省内外举办科技金融业务研修班，加强科技金融专业化工作团队建设。2017 年省中心联合省科技金融促进会在北京举办了广东省科技金融创新发展高级研修班以及在广州举办了"创新驱动发展和科技金融结合"专题研修班，不仅使科技金融业务骨干全面了解广东科技金融发展情况，还深入学习了科技金融相关知识与理论体系，熟悉科技金融工具和产品。

（3）开展科技信贷、融资对接等培训和交流服务。省中心集合银行、担保、保险、风险投资、产权交易等多层次的融资服务机构资金优势，开展政策宣贯、金融产品推广、投融资路演对接和科技金融论坛等活动，如每年联合省科技金融促进会等单位举办广东省科技金融年会以及广东科技金融论坛等活动，搭建科技与金融的桥梁，增进投融资对接机会，促成更多优质科技项目与银行、投融资机构的对接。

（二）地市科技金融综合服务分中心

1. 区域分布。在广东省科技金融综合服务中心的带头示范下，各地级市科技主管部门、高新区等单位积极推动成立科技金融综合服务分中心。目前全省已建立 31 个地市科技金融综合服务分中心，主要集中在珠三角地区，共19 家，粤东、西、北分别为 5 家、5 家和 2 家（见图 3-1）。此外广州、东莞等地市中心在区县、镇街和高新园区等建立科技金融服务工作站，将服务力量下沉至第一线。如广州在各个区建设了 11 个区级科技金融分中心，东莞在全市镇街及园区建立了 49 个科技金融工作站，逐步形成了市、镇（街道）、园区联动体系。

2. 建设模式。各地市科技金融服务分中心依托不同的发起主体构建汇聚科技和金融资源的"一站式"平台，在运行模式和机制上进行有益的探索实践。其中，珠三角地区广州、东莞、中山等分中心建设成果丰硕，粤东西北地区汕头、湛江、韶关等分中心建设快速推进，形成了区域化和个性化的科技金融服务分中心建设及服务模式。按照发起主体，主要划分为政府主导型、国有企业主导型和与政府合作型科技金融服务中心。

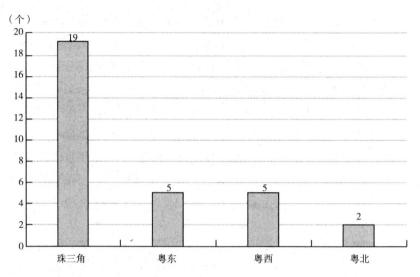

图 3 - 1　广东省各地市科技金融综合服务中心区域分布情况

数据来源：广东省科技金融综合服务中心。

（1）政府主导型的科技金融服务中心。政府主导型的科技金融服务中心，主要是指科技金融服务平台依托地方科技部门或者生产力促进中心成立。如东莞科技金融综合服务分中心、茂名科技金融综合服务分中心、河源科技金融综合服务分中心、中山科技金融综合服务分中心和汕头科技局科技金融综合服务分中心等。这些平台主要涉及由政府主导构建，依托本地区的科技部门或生产力促进中心，并与本区域的金融机构和中介机构建立合作关系，运用政府风险准备金为本地区的科技型中小企业提供融资服务。

（2）国有企业主导型科技金融服务中心。国有企业主导型科技金融服务平台是由政府下属的国有企业发起和运作的科技金融服务中介。如广州市科技金融综合服务中心、佛山科技金融综合服务分中心、广东金融高新区科技金融综合服务分中心、顺德科技金融综合服务分中心、中山高新区科技金融综合服务分中心和粤西科技局科技金融综合服务分中心等。

（3）与政府合作型科技金融服务中心。与政府合作型科技金融服务中心，是指银行类和非银行类金融机构，通过与政府合作或接受政府委托的方式，提供科技金融服务。如汕头科技金融综合服务分中心、中国银行中山大学科技金融综合服务分中心、广州（中大创新谷）科技金融综合服务分中心等。政府是促进科技金融结合的重要引导者，通过制定政策、投入资金、参与搭建平台、构建风险防控机制等，吸引更广泛的市场主体包括银行、各类中介机构等共同促进科技资源与金融资源的结合。

三、服务成效

（一）连通了科技型企业投融资需求和供给的"最后一公里"

随着科技金融线上线下服务网络的不断完善，全省科技金融服务中心成为实现科技企业与服务机构对接的"一站式服务"重要节点，打通了企业融资发展的任督二脉。线下服务网络将服务触角延伸到了企业门口，直接连通了企业的融资需求和科技金融资源的供给；线上服务平台将科技金融的政策、服务、金融产品等信息直接与企业的需求对接，服务供给与需求之间信息不对称的问题得到了有效缓解。据不完全统计，广东全省 31 个分中心入驻和汇聚的科技金融服务机构超过 200 家，举办科技金融投融资路演、融资对接活动 500 余场，累计服务科技企业超过 3 万家，为企业撮合融资金额超过 300亿元。

（二）推动了服务机构不断创新科技金融产品和服务

广东全省科技金融服务中心与银行等各类服务机构保持密切联动，不断根据科技型企业的服务需求，为企业量身定做符合其发展规律的科技金融产品和服务。如中山市分中心通过搭建科技企业与科技投资基金、科技银行对接平台，形成"科技银行＋投资机构"联动服务新模式，打出科技金融服务组合拳，为科技型中小企业提供了更专业、更特色、更丰富的融资服务。建设银行广东省分行持续迭代升级推出以"六融六＋"为核心的"FIT 粤"4.0科技金融综合服务方案，出台更具有科技含量的数据集成新平台、新工具和新产品，三年来共为 8000 多家科技型企业提供融资支持，资产余额增加1500 亿元，且新发放的高新技术企业贷款持续保持"零"不良，实现了银行与科技企业共同健康成长。

（三）缓解了科技型企业融资难问题

风险准备金的设立和普惠性科技金融工作的推进，有效提高了银行机构的风险容忍度，改变了银行传统的科技型企业贷款评价体系，银行机构更加积极地尝试开展科技信贷服务的创新探索，阻碍科技型企业发展的融资难问题正逐步被消除。截至 2017 年年底，省级财政累计投入科技信贷风险准备金 3.008 亿元，其中省级科技信贷风险准备金 1 亿元，省市联动科技信贷风险准备金投入 2.008 亿元。普惠性科技金融试点工作开展以来，建设银行广东分行已累计投放普惠性科技金融项目 1290 户，累计投放金额 187692 万元，户均金额 145.5 万元，帮助了一批科技型中小企业融资发展壮大。

（四）催生了一批优质科技型企业

广东省科技金融服务中心积极参与创新创业大赛的组织和服务，将大赛作为各地市开展科技金融服务的重要抓手，把大赛打造成为民营科技企业尤其是初创企业寻求投融资服务、实现蜕变的重要平台。通过大赛平台，各分中心逐渐摸索出"科技＋金融""政府资助＋社会资本融资"的服务模式。近年来企业参赛规模迅速扩大，优秀项目不断涌现，催生了珠海云洲智能、纳睿达、广州亿航智能等一批独角兽企业，引领着广东的经济向高质量层面发展。

第二节　政策性科技金融服务平台

2017 年，粤科金融集团积极发挥政策性科技金融集团的战略性、平台性、基础性作用，打造促进广东科技、金融、产业深度融合的主渠道、主平台和主力军，围绕创新驱动发展大局进一步整合业务完善科技金融服务链条。

（1）整合组建广东省创新创业基金，同时加大募资设立市场化基金力度，加快基金落地和投资进度。广东省创新创业基金是加速科技与金融深度融合的又一重要载体。按省政府的要求，积极配合省科技厅等有关部门整合省科技创新基金、省创业引导基金、省新媒体产业基金 3 只财政出资基金，组建 71 亿元的省创新创业基金，已引导带动社会资本累计 165 亿元，实现财政资金放大 3.7 倍，对外投资项目 125 个。此外，还承接了 6 亿元广州知识产权基金，进一步扩大财政资金的受托管理范围。目前粤科金融集团受托管理省财政资金近 100 亿元，管理政府引导基金 13 只、投资基金 46 只，管理基金总规模超 500 亿元。围绕广深科技创新走廊建设和粤东西北地区振兴发展战略，布局组建一批市场化运作基金。多渠道引入地方政府资金和社会资本参与组建完全市场化基金，全年新设基金 14 只，其中围绕广深科技创新走廊建设，设立 60 亿元科技创新系列基金、40 亿元振粤基金、红土创业基金、绿色科技发展基金、东城基金等。

（2）整合创投板块资源，强化创投布局和投后管理，围绕广东省确定的新一代信息技术、人工智能、大数据、生物科技等战略性新兴产业领域，部署组建八大行业项目组，优化创投运作机制，加快项目投资进度，全年新投项目 29 个，投资金额增长 1.7 倍。此外，依托省科技厅的科技大数据平台，推动设立科技创新一号、二号和三号基金，利用 2 万多家入库高企以及近 1000 家孵化器和众创空间企业的数据信息，挖掘和储备了一大批优质投资项目，着力加强对广东省科技型企业的扶持发展，促进科技成果转化及产业化；不断充实投后管理团队，完善投资项目汇总分析、分类评级等工作机制，为投资企业提供了各类优质增值服务，如成功推动嘉诚国际、科顺防水等企业 IPO 上市；多措并举疏通退出渠道，提升资产质量和周转效率；推动 13 个投资项目通过并购、协议回购等形式增值退出，增值率 117%。

（3）延伸科技金融服务链条，争取金融牌照及新业务资格，不断拓展业务领域；积极接入全国征信系统、中征应收账款融资服务平台等各类全国性服务系统，利用平台应收账款质押功能成功办理首个融资担保项目，有效拓展了科技金融的服务地域和行业范围。受省财政委托管理省级科技再担保基金 1.6 亿元和省级科技信贷风险准备金 1 亿元，为省内科技担保机构提供一定比例的风险补偿，提高企业融资的可获得性。截至 2017 年年底，集团注册资本达 35 亿元，较 2016 年增加了 1 倍；期末总资产 340 亿元、净资产 146 亿元，比 2016 年末分别增长 22%、59%，公司经营规模和经营效益得到大幅提升。2017 年集团科技金融业务实现了快速发展，4 家下属公司包括租赁公司、小贷公司、担保公司和资管公司总资产达 66.4 亿元。

案例：广东省创新创业基金

一、基金概况

2017 年 9 月，广东省政府办公厅印发《广东省人民政府办公厅关于进一步清理整合省级财政出资政策性基金的实施意见》，将省级财政出资政策性基金进行清理整合，共组建 5 只大型政策性引导基金。其中，广东省创新创业基金整合了原广东省科技创新基金 56 亿元（不含集成电路产业发展基金 15 亿元）、广东省创业引导基金 5 亿元、广东省新媒体产业基金 10 亿元 3 项基金，合计财政出资71亿元。基金主要投向于重大科技专项领域、行业区域科技创新、重大关键技术、科技成果转化，支持初创企业投资以及基础理论研究等。截至2017年年底，省创新创业基金已完成投资59亿元。其余4只基金侧重于产业投资、基础设施建设等其他领域投资。

二、基金运作模式

新组建的省创新创业基金通过"改革三个机制，明确三个不变，建立三个制度"，加大力度简政放权，达到有效发挥基金扶持产业发展作用、支持省属企业做大做强的目的。

（一）改革基金设立机制

改革创新创业基金的省财政出资方式，从"委托管理"改为"注入资本金"形式，省财政出资部分相应转增粤科公司、粤财公司、恒健公司资本金，注入资本金专项用于设立创新创业政策性基金。省属企业作为基金运营机构，基金确保原定政策目标、投向领域、涵盖业务范围"三个不变"。省财政出资直接拨付到企业账户，不再实行基金共管账户管理。

（二）改革基金运作机制

1. 基金独立自主运营。基金运营机构牵头制定基金组建方案，经省政府批准设立后全面负责基金的组建运营，独立自主地实行市场化运作、专业化管理，选聘高水平专业化团队，开展投资项目尽职调查，自主确定基金项目管理制度、投资管理流程、风险防控机制和信息披露机制，自主决定投资委员会的构成和议事规则，具体投资项目原则上"只报备、不报批"。按照"权责利"对等原则，压实基金运营机构主体责任。行业主管部门、财政部门配合审核基金组建方案，明确不参与基金投资决策、不干预基金日常经营、不直接确定具体投资项目的"三不"要求。

2. 确保政策导向不变。行业主管部门根据省委、省政府战略部署，制定基金政策目标，牵头组建投资项目库，择优向基金推荐项目。基金运营机构引导社会资本投向指定领域，确保基金投向符合政策目标，充分发挥财政资金的放大作用，引导相关产业发展。为确保基金政策目标的有效落实，拟建立三项制度：一是建立定期会商制度。行业主管部门、财政部门和基金运营机构定期针对基金投资运作召开分析协调会，分析存在的问题，督促投资进度，落实投资导向。二是建立定期报告制度。基金运营机构每季度向行业主管部门、财政部门报告基金运作情况，如实反映投资领域重大变动、投资基金关闭清算工作及其他重大突发情况。三是建立分析纠偏制度。行业主管部门认真研究报告事项，发现运作中存在违法、违规以及违背政策导向的行为，及时反馈意见，予以纠正或叫停。

3. 合理考虑保值增值。基金运营机构负责遴选基金投资项目，选择投向效益好、有回报的项目，完善资产管理制度和风险预估机制，健全资金持续投入机制。基金投资收益纳入国有资产收益统一核算，对个别成长性好、收益可观的项目由省政府按照"一事一议"原则决定退出转让，收益按一定比例或定额缴回省财政。

三、基金评估机制

行业主管部门会同财政部门制定基金绩效评估办法，报省政府审批后执行，每年对基金运营的社会效益和经济效益实行评价，以社会效益为先。社会效益考核以扶持产业发展效果，实现政策目标为主，重点考核资金的政策效应、合规运营情况等；经济效益重点考核引导社会资本、基金投资进度等。评估以基金整体效果为基础，不针对单个投资项目。对以资本金形式投入的政策性基金，不纳入企业经营业绩统一核算，实行单列考核。省审计厅按照国有资产、基金运营要求对政策性基金进行审计，不作一般性财政资金审计。

（资料来源：广东省科学技术厅）

第四章　广东省创业投资

创业投资作为科技金融体系的重要组成部分，是一种高风险、高回报的金融服务模式，对广东省金融创新、金融产业链整合以及科技创新具有显著作用，是区域性科技金融良性发展的重要体现。2017 年以来，广东围绕打造国际风投创投中心总体目标，加快建设金融强省和国家科技产业创新中心，大力发展天使投资、创业投资，先后出台了《广东省加快促进创业投资持续健康发展的实施方案》等政策文件，积极响应国家《关于创业投资企业和天使投资个人有关税收试点政策的通知》等试点政策文件。整体而言，广东创业投资行业蓬勃发展，创业投资机构数量、投资活跃度、新增募集金额、投资案例数和投资金额均达到历史高峰，年度增幅明显，对科技金融体系的完善和创新创业推动作用更加强劲。

第一节　广东省创业投资概况

一、机构数量居全国首位

根据中国证券投资基金业协会初步统计数据，截至 2017 年年底，广东省创业投资市场共有基金机构 2943 家，比 2016 年增长 7%，机构总数占全国比重达 21.76%，位列全国首位，比全国排名第二的北京市多了 396 家，比排名第五的江苏省多了 2163 家。其中，创业投资基金机构 667 家，占全国的 19.63%，在各省市排名中位居首位，比排名第二的北京市多了 92 家，比排名第五的江苏省多了 365 家；私募股权基金机构 2276 家，在全国排列首位，占全国总数的 23.17%，比全国排名第二的北京市多了 304 家，比排名第五的江苏省多了1798家（如图4-1所示）。但近两年来，无论是创业投资基金还是私募股权基金，机构数量的年度增幅均出现明显下滑。2017年增长率分别从2016年的37.64%和27.33%，下降至10.91%和5.96%。由此可见，在短时间内，广东创投市场行业机构数量渐趋饱和，已逐步从行业成长期向成熟期过渡，发展重心向提质增效的高质量发展转变，并向科技金融事业的良性政策引导发展模式靠拢。

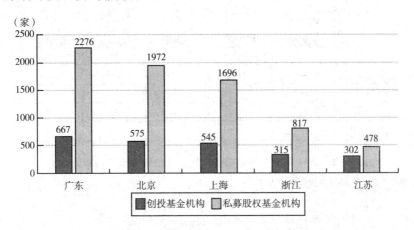

图4-1　2017年全国排名前五地区的创业投资机构数量对比

数据来源：中国证券投资基金业协会。

二、小规模资本机构占据市场优势

广东省创业投资市场以小规模资本的创业投资机构居多，而中等以及大规模创业投资机构有待加强。根据投资机构资本规模分布，在2017年的667家广东创业投资基金机构中，2亿元以下资本规模的机构数量最多，达548家，在全省总量占比为83.43%，高于全国同类77.02%的占比水平，遥遥领先于北京、上海、浙江、江苏等省市区；此外2亿～5亿元、5亿～10亿元资本规模的机构数量分别为65家和24家，高于浙江和江苏，但是相较于北京、上海等直辖市表现欠佳；10亿元以上资本规模的大型机构数量为30家，与创业投资环境优越的北京市相当，高于上海、浙江和江苏（见图4-2）。此外，广东2亿～5亿元、5亿～10亿元等中等规模以及10亿元以上大规模的创业投资基金机构占比分别为9.75%、3.6%和4.5%，均远远低于全国平均水平（见表4-1）。

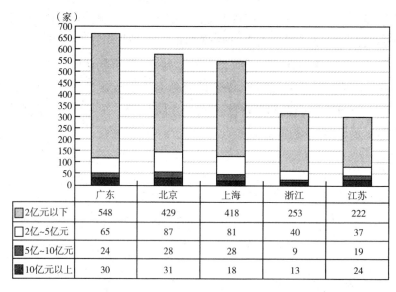

图 4 - 2   2017 年全国排名前五位地区的创投基金机构对比情况

数据来源：中国证券投资基金业协会。

表 4 - 1   2017 年广东、全国创业投资基金规模分布①

管理资本	广东		全国		占全国比例 (%)
	数量（家）	百分比（%）	数量（家）	百分比（%）	
10 亿元以上	30	4.50	155	4.56	19.35
5 亿~10 亿元	24	3.60	147	4.33	16.33
2 亿~5 亿元	65	9.75	479	14.10	13.57
2 亿元以下	548	82.15	2617	77.01	20.98
总计	667	100	3398	100	19.63

数据来源：中国证券投资基金业协会。

2017 年，2276 家广东私募股权基金机构的资本规模分布规律也大致相同，20 亿元以下资本规模的数量最多，达 2129 家，全省占比为 93.54%，略高于全国的 92.57% 同类占比水平；其次为 20 亿~50 亿元资本规模的机构，达 86 家，50 亿~100 亿元资本规模的 38 家，广东省在 20 亿元以下、20 亿~

————————————

① 依据中国证券投资基金业协会的相关分类标准，将创业投资基金管理资本规模分为四个等级，分别是 10 亿元以上、5 亿~10 亿元、2 亿~5 亿元、2 亿元以下四个等级区间。

50 亿元、50 亿～100 亿元等三个资本规模的机构数量均为全国最高；但是广东 100 亿元以上大资本规模的机构数量最少，仅为 23 家，略低于北京和上海（见图 4-3）。此外，由表 4-2 可见，20 亿～50 亿元、50 亿～100 亿元中等资本规模和 100 亿元以上大资本规模的机构数量占比分别为 3.78%、1.67% 和 1.01%，均低于全国平均水平。

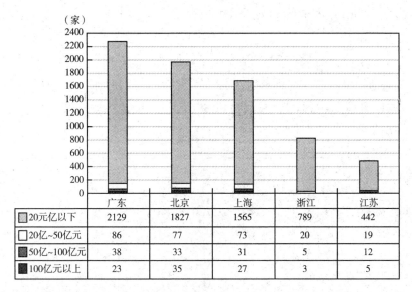

（家）	广东	北京	上海	浙江	江苏
20元亿以下	2129	1827	1565	789	442
20亿~50亿元	86	77	73	20	19
50亿~100亿元	38	33	31	5	12
100亿元以上	23	35	27	3	5

图 4-3 2017 年全国排名前五位地区的私募股权基金机构资本规模分布对比情况
数据来源：中国证券投资基金业协会。

表 4-2　　　　　　　**2017 年广东、全国私募股权基金机构规模分布**

资本规模	广东		全国		占全国比例（%）
	数量（家）	百分比（%）	数量（家）	百分比（%）	
100 亿元以上	23	1.01	138	1.40	16.67
50 亿~100 亿元	38	1.67	184	1.87	20.65
20 亿~50 亿元	86	3.78	408	4.15	21.08
20 亿元以下	2129	93.54	9095	92.58	23.41
总计	2276	100.00	9825	100.00	23.17

数据来源：中国证券投资基金业协会。

上述数据显示，广东省创业投资行业的发展重心聚焦于小规模管理资本机构。小规模资本机构在广东全省创业投资市场中占绝对优势，而中等以及大规模创业投资机构占比较少。但中小资本规模的创业投资机构对科技金融支持效应不高，难以在创业投资上普遍开展"大规模、高强度、重支持"的科技金融服务。总体来说，广东省创业投资市场的"头部效应"亟待加强，行业整体实力有待优化提升，亟待引导扶持向投资能力较强、内部治理完善的大型机构发展。

三、创业投资规模实现跨越式增长

广东创业投资规模在2017年实现了跨越式增长，投资金额和案例数均达到了历史新高度。其中，创业投资基金投资总额319.47亿元，投资案例855项，分别比2016年增长了86.32%和48.70%，如表4-3所示。

表4-3　　　　2012~2017年广东创业投资市场投资规模发展情况

年份	投资额		投资案例		单例投资额（百万元）
	额度（百万元）	增长率（%）	数量（项）	增长率（%）	
2017	31946.89	86.23	855	48.70	37.36
2016	17154.32	-3.25	575	-1.71	29.83
2015	17730.94	86.90	585	121.59	30.31
2014	9487.03	44.27	264	69.23	35.94
2013	6575.80	-15.17	156	-0.64	42.15
2012	7752.03	—	157	—	49.38

数据来源：清科研究中心私募通数据库。

从全国主要省份和地区比较来看，在投资金额方面，2017年，广东省创业投资市场投资金额以微弱优势首次超越上海市，位居全国第二，但与排名第一的北京市差距较远，仅为其投资总额的43.22%；排名第四、第五位的分别为浙江省、江苏省，前五个地区的投资金额分别为718.19亿元、319.47亿元、310.44亿元、139亿元和134亿元。同时，我们也看到，近年来广东省创投市场投资金额保持较高增速，2017年同比增幅达86.24%，是排名前五位地区增幅最快的，其次为江苏省、北京市，增速分别为70.83%、56.54%（见图4-4）。在投资案例方面，2017年，广东省首次超越上海市，位居全国第二，但依然与全国排名第一的北京市相差较大，仅占北京市项目数的61.38%。与排名第三的上海市相差较小，但相对排名第四、第五的浙江省和江苏省而言，仍保持了较高的领先优势。

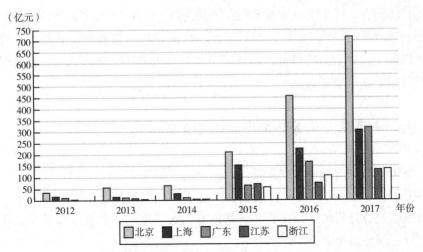

图 4 – 4 2012～2017 年全国排名前五地区的创业投资规模对比情况

数据来源：清科研究中心私募通数据库。

同时，2017 年广东省创业投资项目数保持了较高速增长，增幅达 48.7%，是排名前五位地区增长最快的，其次为江苏省、浙江省、上海市 和北京市（见图 4 - 5）。具体到各投资项目的企业成长阶段分布，相对而 言，2017 年广东省创业投资项目中种子期的项目数量最多，且在各地区中 占比最高，其次为初创期的项目，而北京市、上海市则主要分布在成熟期、 初创期，江苏省、浙江省也偏向于企业成长阶段中后期的成长期、成熟期。

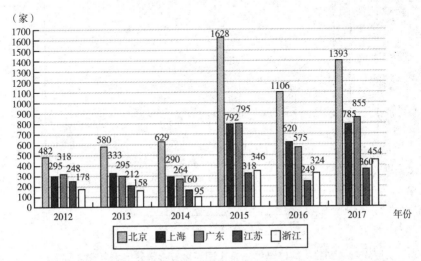

图 4 – 5 2012～2017 年全国排名前五位地区的创业投资项目数量对比情况

数据来源：清科研究中心私募通数据库。

整体而言，广东省创业投资行业大幅跨越了 2016 年度创业投资市场的低水平、负增长的"寒冬期"，回暖复苏、快速发展态势明显，并且在投资强度上结束了持续走低的趋势，达到了单个案例投资 37.36 百万元，彰显了行业投资信心逐步增强。

四、新募基金数量和融资额达历史高位

在国家高度重视和大力推进创新创业的背景下，2017 年创业投资行业迎来了发展"黄金期"，全国新募基金数量达到 895 家，增长率达到 40.72%；而广东省依托良好的区位优势和创新创业生态环境，新募基金数量和融资额均实现了历史新突破。

2017 年，广东新募基金数量达 193 家，其中外资性质基金 2 家，新募基金总数较 2016 年增幅达 93%，与 2012 年相比将近翻了两番，占全国比重达到 21.56%，是近三年的最高水平（见图 4-6）。2017 年广东新募基金融资额为 800.96 亿元，较 2016 年增长 10.6%，是 2012 年的近 9 倍，其中本土机构、外资机构新募基金融资额均分别达到了历史最高点的 764.09 亿元和 36.87 亿元。

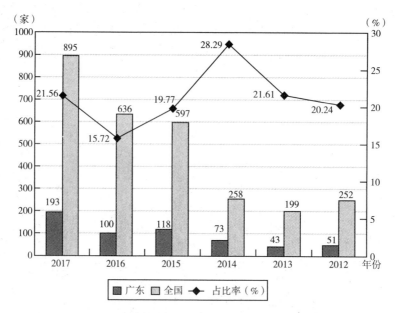

图 4-6 **2012~2017 年广东及全国新募基金数量情况（含未披露）**

数据来源：清科研究中心私募通数据库。

数据显示，2017 年广东本土创业投资基金融资额占比高达 95.40%，且历年占比长期处于 95% 以上，表明本土创业投资基金机构在广东省创投市场的发展中长期处于绝对领先优势；但外资创业投资基金机构的融资额亦呈现逐年上升趋势，2017 年达到了 36.87 亿元的历史高点，表明广东省在深化对外开放的背景下，外资机构得到资本青睐程度有所提升（见表 4 – 4）。

表 4 – 4　　　　　2012 ~ 2017 年广东创业投资新募基金融资情况

年份	本土机构		外资机构		合资机构		总计（百万元）
	数值（百万元）	占比率（%）	数值（百万元）	占比率（%）	数值（百万元）	占比率（%）	
2017	76408.86	95.40	3687.20	4.60	0		80096.06
2016	72063.97	99.54	331.00	0.46	未披露		72394.97
2015	36166.89	96.40	1299.00	3.46	50.10	0.13	37515.99
2014	34459.14	97.42	912.88	2.58	0		35372.02
2013	7638.60	93.28	550.00	6.72	0		8188.60
2012	9092.10	100.00	未披露		0		9092.10

数据来源：清科研究中心私募通数据库。

总体而言，广东省自 2012 年起创业投资机构年增加量占全国比重长期在 20% 的水平波动，普遍高于其他省级地区，凸显了广东创业投资行业的良好发展态势。究其原因，一方面，得益于国家高度重视和大力推进创新创业和支持高科技创新，作为改革开放窗口和经济大省的广东，创业投资需求得到快速释放；另一方面，在广东省着力推进科技金融事业和完善科技金融服务网络的背景下，金融市场日益规范，创业投资凭借自身高度市场化优势，充分利用市场机遇获得了快速发展。

第二节　广东省创业投资行为分析

一、创业投资热点行业分析

投资行业分布体现了当前社会科技创新热点，也是科技金融支撑发展和布局的重点领域。2017 年，广东省创业投资市场各行业融资分布结构更加合理，逐步向高新技术、民生技术领域靠拢，重点聚焦生物医疗、互联网和电子信息三大行业，融资规模实现跨越式增长。

从行业投资额规模来看，生物医疗、互联网和电子信息三个行业的创投融资规模处于广东省全行业领先地位，2017 年度投资金额分别为 85.15 亿元、51.44 亿元、36.95 亿元，环比增长速度分别达到 269.14%、48.65% 和 148.13%。其中生物医疗行业作为新兴产业和重点民生产业，行业投资额自 2012 年起持续保持高增长，并于 2017 年首次超越互联网行业位列全行业第一，年度投资总额占所有行业的比重高达 26.65%。具体见表 4-5。

表 4-5　　　　　　2012～2017 年广东创业投资行业投资额　　　　单位：百万元

行业（一级）	2012 年	2013 年	2014 年	2015 年	2016 年	2017 年
电子信息	157.91	404.43	598.38	1129.95	1489.20	3695.12
互联网	815.95	534.44	2664.88	3950.86	3460.50	5143.95
生物医疗	296.94	580.50	1290.95	1056.23	2306.73	8515.00
电子及光电设备	653.00	642.72	820.20	2496.50	2503.13	1908.11
娱乐传媒	886.94	114.88	99.68	113.72	1354.11	1728.52
机械制造	211.16	201.40	652.94	1059.26	790.06	1552.79
电信及增值业务	627.12	334.60	1178.27	2034.56	1464.59	1260.39
清洁技术	368.51	233.42	374.32	377.67	544.90	1525.92
金融	332.26	0	1037.81	2295.97	1000.51	1693.10
教育与培训	9.99	0	0	111.22	109.50	492.01
连锁及零售	324.10	147.99	102.62	586.23	163.57	1157.57
物流	30.66	2560.07	305.95	264.85	369.69	979.84
化工原料及加工	67.28	115.03	52.17	81.44	162.92	384.78
汽车	668.52	43.69	26.73	9.75	235.75	655.40
建筑/工程	370.99	107.92	0	1509.74	89.00	244.86
半导体	30.29	0	0	20.00	136.67	141.70
能源及矿产	0	9.15	0.60	5.56	0	150.50
房地产	733.20	183.46	149.27	96.98	169.33	132.00
纺织及服装	76.82	57.59	25.47	150.00	256.00	12.75
食品 & 饮料	374.79	0	0	0	62.80	未披露
其他	517.84	304.51	107.30	203.43	477.36	572.58
合计	7554.27	6575.80	9487.54	17553.92	17146.32	31946.89

数据来源：清科研究中心私募通数据库。

　　从行业投资案例数来看，各行业创投案例数普遍增加，多行业保持持续高增长趋势。生物医疗、互联网和电子信息等新兴行业长期作为热点创投行业，投资案例数继续保持增长并创新高，三个行业案例合计数占全行业总数的50.41%。连锁及零售、清洁技术、娱乐传媒、生物医疗等新兴行业投资案例数增长明显，相较于2016年，四个行业投资案例数分别增长144.44%、54.54%、57.14%、100%，表明广东新兴行业市场正茁壮成长，踊跃出了大量获得创投市场青睐的创新型企业。具体见表4-6。

表4-6　　　　　　**2012~2017年广东创业投资行业投资案例数**　　　单位：项

行业（一级）	2012年	2013年	2014年	2015年	2016年	2017年
电子信息	14	15	32	66	95	167
互联网	17	23	66	185	132	162
生物医疗	14	15	34	46	51	102
电子及光电设备	24	20	18	44	40	65
娱乐传媒	5	4	3	22	35	55
机械制造	8	9	14	31	39	49
电信及增值业务	22	29	54	86	44	46
清洁技术	10	10	10	19	22	34
金融	4	0	16	38	42	32
教育与培训	1	0	0	4	4	27
连锁及零售	7	5	2	6	9	22
物流	1	3	1	6	8	15
化工原料及加工	4	4	5	9	6	15
汽车	4	1	2	3	11	14
建筑/工程	8	3	0	10	3	11
半导体	2	1	0	1	4	7
能源及矿产	0	1	1	1	0	4
房地产	1	3	1	3	6	4
纺织及服装	2	2	2	1	3	2
食品&饮料	3	0	0	0	3	1
其他	5	8	3	11	16	21
合计	156	156	264	592	573	855

数据来源：清科研究中心私募通数据库。

从行业投资强度来看，2017 年全行业创业投资强度均值为 3552 万元，有七个行业高于均值，分别为生物医疗、物流、金融、连锁及零售、汽车、清洁技术、能源及矿产。其中生物医疗行业的创业投资强度最高，2017 年单个案例投资额达 8348 万元，是电子信息行业的 3.77 倍、互联网行业的 2.63 倍，凸显了生物医疗行业成为当前及未来创投高热点行业，也是今后科技攻关和孵化支持的重点方向。

二、创业投资阶段分布

凭借 2017 年广东省良好的科技金融市场环境，创业投资机构在种子期、初创期、成长期、成熟期等四个阶段的投资额和投资案例数均实现大幅增长，对高新技术企业发展阶段的投资覆盖范围日益扩大。其中，在投资额方面，2017 年种子期的投资额达到 12.86 亿元，与 2016 年相比增长了 23.68%，初创期、成长期和成熟期三个阶段的投资在 2017 年均实现了 60% 以上的增长率，且成长期和成熟期的投资额首次突破 100 亿元，初创期投资额也达到 92.29 亿元（见表 4-7）；在投资项目数量方面，2017 年广东省创业投资市场对种子期、初创期等早期阶段的创新项目给予了更多的关注，投资项目数分别为 348 项和 268 项，均处于各投资阶段前列；在投资强度方面，种子期的单个案例投资额出现显著下滑，而初创期、成长期和成熟期的单个案例投资则呈现大幅攀升，尤其是成长期投资强度增长最为明显，由 29.4 百万元/项升至 74.32 百万元/项，成熟期投资强度也首次突破 1 亿元。

表 4-7　　　　2012~2017 年广东省创投市场投资阶段投资额分布[①]　　单位：百万元

投资周期	2012 年	2013 年	2014 年	2015 年	2016 年	2017 年
种子期	—	—	—	1618.26	1039.69	1285.88
初创期	2395.98	1051.78	2828.28	43345.33	5606.54	9228.89
成长期	2406.42	1389.78	4486.14	5923.76	4474.36	10107.65
成熟期	2904.66	4134.25	2071.03	5596.55	5864.95	11148.71
未披露	44.97	—	101.58	247.04	168.79	175.77

数据来源：清科研究中心私募通数据库。

---

① 以企业周期理论为基础，根据创业投资基金投资标的成立时间、经营规模等特征，将创业投资基金投资标的发展阶段分为种子期、初创期、成长期和成熟期，将信息获取不全、划分界限模糊的被投资机构归类为未披露类。

三、创业投资退出情况

退出方式的选择是创业投资效率的重要体现，也是地区良性引导科技金融高效发展和打造多渠道退出机制工作成效的市场检验。2017年广东省创业投资退出总体情况尚好，数量依旧保持在了高位水平，年度退出案例数达245起。退出方式特征上既有多元化又有重点，以回报率最高的首次公开募股（IPO）退出方式为主，占所有退出案例的33%，新三板占退出方式总量的22%，进一步体现了地区大力支持科技金融优质投资标的优先上市的决心。

从项目退出行为的全国重点地区对比来看，2017年全国排名前五位地区的项目退出情况主要为股权转让、IPO和新三板。其中广东、浙江、江苏三省的首要退出方式为IPO，浙江省占比最高，达52.78%，而北京市、上海市地区排在首位的则为股权转让，北京市的股权转让占比高达36.86%（见表4-8）。但从投资项目的退出平均回报倍数来看，广东省位居五区的第三位，仅次于北京市和浙江省，表明年度退出的项目中，北京市的项目质量较广东省和浙江省都要高；在五区中浙江省的回报倍数最高（4.86倍），这与浙江省年度超过半数的退出方式为IPO有着莫大的关联（见表4-9）。

表4-8　　　　2017年全国排名前五位地区的创业投资退出方式对比　　单位：项

项目	北京	上海	广东	江苏	浙江
股权转让	94	55	71	34	26
IPO	49	51	80	73	76
并购	27	18	21	15	9
回购	3	1	4	1	0
清算	3	1	0	1	0
新三板	61	33	54	43	23
借壳上市	0	0	0	3	0
管理层收购	11	8	14	17	5
其他	4	4	4	1	3
未披露	3	2	0	2	2

数据来源：清科研究中心私募通数据库。

表 4 – 9　　　　　 2012~2017 年五个地区创业投资退出平均回报倍数　　　 单位：倍

年份	北京	上海	广东	江苏	浙江
2012	3.77	5.75	3.33	4.80	2.47
2013	4.62	4.23	2.32	3.23	19.48
2014	10.59	7.22	3.45	7.98	3.04
2015	4.37	3.52	2.97	2.77	4.81
2016	2.85	4.33	2.77	2.39	2.48
2017	3.29	2.58	3.07	2.42	4.86

数据来源：清科研究中心私募通数据库。

第三节　广东省创业投资区域发展

一、机构区域分布特征

2017 年，广东省创业投资机构分布以珠三角地区核心城市为主，逐步向粤东西北地区扩散。中国证券投资基金业协会的数据显示，2017 年广东省备案登记创业投资机构录有数据的城市共有 12 个地市，与 2016 年相同。其中，深圳创业投资机构数量继续稳居广东省首位，总数达 2263 家，较 2016 年增长 38.92%，省内占比 76.02%，在全国一线城市中也仅次于北京（2547家）。其次是广州和珠海，2017 年创业投资机构数量分别为 325 家和 273 家，分别比 2016 年增长了 79.56% 和 131.36%。整体而言，广东省全省创业投资机构区域分布呈以深圳为中心、广州和珠海为两翼的 "一核两翼" 特征；粤东西北地区私募基金机构主要集聚在粤东地区，特别是汕头，具体如图 4 – 7所示。

二、年度投资规模区域特征

创业投资作为科技金融的重要组成部分，其投资行为具备高风险、高潜在回报特性，重点关注创新性、高成长性的中小型高新技术企业的投资标的，且受地区科技资源、金融市场资源、创新创业活性、政府政策等宏观环境影

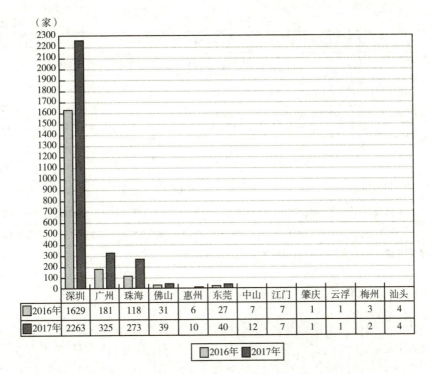

图 4 - 7　**2016 ~ 2017 年珠三角各地市备案创业投资机构数量**

数据来源：清科研究中心私募通数据库。

响。根据 2017 年清科研究中心数据，广东省创业投资年度投资资金规模的区域分布呈现以下特征，具体如表 4 - 10 所示。

表 4 - 10　　　　　**2012 ~ 2017 年广东创业投资市场投资地域分布**　　　单位：百万元

地区	城市	2012 年	2013 年	2014 年	2015 年	2016 年	2017 年
珠三角经济区	广州	2880.55	711.04	1686.40	3244.49	3632.73	8440.17
	深圳	4113.68	4748.40	6781.61	13186.44	11326.10	16256.70
	珠海	289.57	175.48	9.39	282.30	216.89	504.28
	佛山	78.95	71.94	254.02	93.40	157.04	201.22
	惠州	—	—	18.81	12.50	133.00	103.77
	东莞	147.38	265.73	305.95	591.73	1323.47	895.33
	中山	—	119.10	2.18	144.00	69.00	406.14
	江门	—	—	—	—	14.40	8.00
	肇庆	—	141.52	—	25.09	75.00	—
	小计	7510.13	6233.21	9058.36	17579.95	16947.63	26815.62

续表

地区	城市	2012 年	2013 年	2014 年	2015 年	2016 年	2017 年
粤东西北地区	汕头	—	39. 65	325. 50	0. 07	10. 00	—
	韶关	—	—	—	—	—	4500. 00
	梅州	—	—	—	—	—	144. 15
	清远	—	14. 87	—	—	—	110. 00
	潮州	—	59. 48	—	—	63. 70	102. 49
	云浮	—	—	—	—	—	27. 50
	小计	—	114. 00	325. 50	0. 07	73. 70	4884. 14
未披露		241. 90	167. 62	102. 17	145. 92	130. 00	180. 12
总计		7752. 03	6514. 83	9486. 03	17725. 94	17151. 33	31879. 88

数据来源：清科研究中心私募通数据库。

（一）珠三角特别是广深两市继续保持绝对优势

珠三角地区创业投资基金规模继续在广东省域分布上保持绝对优势，达到 268.1 亿元，占全省总额的 84.11%，广州和深圳两核心城市依然强劲，两市合计创业投资额占珠三角地区总额的 92.1%，且具有进一步加大趋势。其中，深圳作为我国创新创业最为活跃地区之一，创业投资基金投资规模长年稳居广东第一位，2017 年投资额达到 162.57 亿元的历史新高度，与 2016 年相比增长了 43.53%。而近年来的广州、珠海两市长期保持快速增长趋势，2017 年两市同比增长率均达到 132% 之多，两市投资额分别达 84.4 亿元、5.04 亿元。而随着珠海横琴新区、广州南沙新区的加速建设，接下两市的投资规模将出现加速攀升。

（二）东莞出现显著下滑，但依然稳居珠三角第三

2017 年东莞市创业投资规模出现显著下滑，由 2016 年的 13.23 亿元下降至 8.95 亿元，这主要是由于 2016 年东莞市充分利用了科技金融市场的投资机会存量，实现了创投市场爆发，增长高达 123.66%。在不同地市规模比较上，东莞市创业投资规模自 2013 年超越珠海、位列珠三角城市群第三以来，基本上逐年保持高速增长。

（三）粤东西北地区实现跨越式增长

已披露的少量地市数据显示，2017 年粤东西北地区的创投投资额实现了

历史性突破，整个地区投资规模达 48.84 亿元的历史水平，与 2016 年的 0.74
亿元相比，扩大了 65 倍左右。其中韶关、梅州两市最为突出，2017 年韶关
地区创业投资基金投资额一举达到 45 亿元，排名达到了全省前三的高位；梅
州市也以 1.44 亿元排在粤东西北地区第二位。

三、年度投资案例区域特征

年投资案例区域分布与投资额特征极为相似，同样是以珠三角地区为主、
粤东西北低位水平的区域分布特征。2017 年，广东全省创业投资基金的 855
项投资案例中，833 项发生在珠三角地区，占全省的 97.43%；粤东西北地区
案例数达到了 10 项①，近三年保持持续增加。

在珠三角经济区的九个市中，深圳、广州两市继续保持全省领先地位，
分别实现投资案例 549 项和 213 项，较 2016 年出现明显增幅，同比增长率达
47.58%、52.14%，两市案例数合计占全省比达到 89.13%；东莞和珠海紧
随其后，2017 年分别为 29 项和 17 项，同比均出现大幅增长，但碍于两市投
资案例总数都较小，对珠三角整个创业投资市场影响不大；其他地市则相对
变化不大。

粤东西北地区创业投资基金案例数继续保持低位走势，但总量实现历
史新高。在已披露地市的数据中，2017 年粤东西北区实现投资案例 10 项，
与 2016 年水平相比规模扩大了 3 倍左右，并且是有数据以来第一次突破至
10 项。

第四节　广东省创业投资发展经验与存在的问题

一、广东省创业投资典型经验

2017 年，广东省人民政府出台《广东省加快促进创业投资持续健康发展
的实施方案》，提出要打造国际风投创投中心，大力发展天使投资、创业投

---

① 广东全省 855 项中有 12 项未披露地区。

资，促进技术与资本深度融合，积极筹备和组建广东省创新创业基金，强化政府政策性基金的引导作用，积极争取纳入全国第二批投贷联动试点地区等。主要工作经验如下。

（一）鼓励建设一批股权投资集聚区

2017 年，在广东打造国际风投创投中心的旗帜下，多地市政府先后出台了相关办法，加大引导创业投资机构的集聚发展，如广州出台了《广州市人民政府办公厅关于印发广州市风险投资市场规范发展管理办法的通知》《广州市海珠区促进风险投资集聚区发展的实施意见》等，对地区的股权投资管理企业、创业投资管理企业、私募证券投资管理企业依据实缴出资额给予最高达 1500 万元的管理能力奖励；并按风险投资机构的投资规模给予最高 3300 万元的奖励，以及经济贡献奖励、房租补助等，积极推进区域内的基金小镇、财富小镇、创投小镇等专业小镇建设，并于 2017 年在海珠区洋湾岛打造了广州首个创投小镇，吸引了广东省国资平台的广新新兴产业投资基金、美国国际数据集团（IDG）、广发纳斯特、中汽九皋等一批知名风投机构和私募基金入驻。

同时，佛山市政府 2017 年出台了《佛山市人民政府办公室关于印发加快股权投资行业集聚发展实施办法的通知》，对佛山股权投资企业分别给予落户奖励、孵化奖励、投资奖励、发起奖励等，最高单项奖金 100 万元。同时，还积极引导各区财政通过地方经济发展贡献奖励、办公用房补助、高管奖励、投资风险补偿、活动举办补助等形式，促进股权投资企业、股权投资管理企业规范、集聚发展。

2017 年东莞市在东城街道建设金融产业集聚区极力引入专业投资基金，合作成立金沙江联合三期基金、广东粤科东城产业投资基金、智能制造产业投资基金、东莞市 VR 产业基金、东莞人工智能投资基金、东莞市产业引导基金、东城新兴产业孵化基金、东城文化产业基金——1 号基金等 8 大类产业基金，基金总规模达 35 亿元。

深圳围绕国际风投创投中心城市定位，先后出台了《深圳市外商投资股权投资企业试点办法》《深圳市扶持金融业发展若干措施》，对于符合条件的创业投资机构，可享受落户奖励、房租补贴、地方财力返还等。在前海深港现代服务业合作区等统筹规划建设若干基金产业园、基金小镇或股权投资基地，吸引集聚国内外知名创业投资机构、天使投资人等聚集，着力将深圳打造成为创投资源集聚、产业要素完备、综合营商环境一流的国际风投创投中心城市。截至 2017 年年底，深圳活跃的创投机构超 2200 多家，管理创业资本近 1 万亿元，是我国创业投资机构最为集聚的地区。

（二）强化政策性基金引导

为充分发挥财政资金对创新驱动发展的扶持引导作用，引导更多社会资金投入科技创新创业领域，助力建设实体经济、科技创新、现代金融、人力资源协同发展的产业体系，2017 年，广东省人民政府专门针对政府注资设立的政府投资基金管理进行了改革，出台了《关于进一步清理整合省级财政出资政策性基金的实施意见》，开展广东省创新创业基金整合组建方案的研讨，整合广东省科技创新基金、省创业引导基金、省新媒体产业基金，改革基金设立机制、运作机制和评估机制等，基金将专门投向于广东重大科技专项领域、行业区域科技创新、重大关键技术、科技成果转化等。省财政出资 71 亿元，通过母子基金架构吸引社会资本共同出资，以 1∶4 杠杆比例进行放大，引导带动 284 亿元社会资本，实现基金总规模约 350 亿元。目前已推动省创新创业基金实现财政资金放大 3.7 倍，累计吸引社会资本 165 亿元，对外投资项目 125 个，IPO 上市企业 10 家①。

同时，深圳市成立政策性天使投资引导基金，引导社会资本投向天使类项目，加速培育天使投资、早期投资，加快满足科技型企业的早期融资需求。2017 年 11 月深圳市投资控股有限公司（以下简称投控公司）与深圳市创新投资集团有限公司联合设立深圳市天使投资引导基金管理有限公司（以下简称天使基金管理公司）作为深圳市天使引导基金的管理机构，基金首期规模为 50 亿元人民币。深圳天使投资母基金将通过市场化、专业化运作，通过风险共担、让渡超额收益的方式进行让利，此方式按项目即退即分和基金整体先回本后分利的原则，天使母基金将投资于深圳地区的项目所得全部收益让渡给基金管理机构和其他合伙人。深圳政策性天使母基金将助推战略性新兴产业、未来产业发展，促进产业转型升级，为深圳打造国际金融中心、国际风投创投中心和国际科技、产业创新中心提供有力支撑。

（三）营造良好的创业投资氛围

2017 年，广东及各地区积极通过组织举办各类投资论坛、创新创业大

---

① http：//www.gdjrb.gov.cn/index.php/interact/linedetail/id/25.html

赛、项目对接和融资路演等活动，营造良好的创业投资氛围。

例如，2017 年 6 月，2017（第十九届）中国风险投资论坛在广州香格里拉大酒店隆重召开，大会云集了众多高规格的嘉宾，中共中央政治局委员、省委书记胡春华，全国人大常委会副委员长、民建中央主席陈昌智，全国政协副主席、科技部部长万钢，广东省委副书记，省人民政府省长、党组书记马兴瑞，广州市委副书记、市长、市政府党组书记温国辉，中国证券监督管理委员会主席助理、党委委员宣昌能等众多政府和企业界人士出席开幕式并讲话。开展了丰富多样的主题论坛及 LP&GP 盛宴、高端会见、颁奖酒会、闭门圆桌、资本—项目对接会等多场高层次的专项交流活动，国家级、省级以及市级产业引导基金、创业投资引导基金、知名母基金、优秀投资机构和中介机构超过 1000 家参加了论坛。

积极组织和承办第六届中国创新创业大赛（广东赛区、深圳赛区、港澳台大赛）、广东众创杯创业创新大赛等活动。2017 年，第六届中国创新创业大赛（广东赛区）全省参赛企业 5850 家，参赛数量连续 4 年列居全国第一，吸引近 100 家省内外知名创投机构与参赛企业对接，获得投资或获得投资意向的项目超过 200 个，金额超 30 亿元。

同时，还积极举办行业沙龙、融资路演、企业推介、创业培训、股改辅导、创新创业嘉年华等形式多样的创业投资服务活动，营造良好的氛围，鼓励各地支持创业投资龙头企业牵头投资、建设、运营"创投大厦"，吸引各类创业投资主体和中介服务机构入驻。

（四）建立天使投资风险补偿机制

2017 年，广东省还探索建立天使投资风险补偿制度，引导创业投资更多地向创业企业起步成长前段延伸。广东省科技厅在 2018 年度广东省科技与金融结合专项中专门设置了科技天使投资风险补助专题，对省内创业投资企业投向省内的初创科技型企业依据设立时间分别给予实际投资额 4% ~ 10% 的补助，积极促进科技天使投资和科技成果转化，吸引全球科技创新资源和风投创投资本在广东集聚发展。

同时，深圳市科技创新委员会也设立了天使投资引导项目，对经备案的创投机构投资的天使投资项目企业，按其获得实际现金投资额的 2%，予以最高 50 万元的一次性资助，重点支持互联网、生物、新能源、新材料、新一代信息技术、节能环保等战略性新兴产业和海洋、航空航天、生命健康等未来产业以及先进制造和涉及民生改善的科技领域等。

（五）培育科技成果与优质项目源

2016 年 12 月，国家出台《促进科技成果转化法》后，广东首次制定出台地方性科技成果转化法规，从立法层面为解决阻碍广东省科技成果转化的体制机制痼疾提供了法制保障，最大程度调动高等院校、科研机构转化科技成果积极性，激发科技人员科技成果转化动力。

同时，近年来广东瞄准重大平台和科技前沿，持续完善区域创新体系、增强科技创新支撑力量，在再生医学与健康、网络空间科学与技术、先进制造科学与技术、材料科学与技术领域启动建设首批 4 家广东省实验室，强化战略科技力量。并且在新一代人工智能、第三代半导体材料与器件、新型显示技术、智能制造、精准医疗等九大领域继续实施省重大科技专项，承接了一批国家重大重点科技项目，诞生了一批重大科技成果，并组建了广东省重大科技成果转化数据库，为广东创业投资市场培育更多的科技成果和优质项目源提供基础保障。

二、广东省创业投资存在的问题

（一）创业投资机构"头部效应"亟待加强

从中国证券投资基金业协会公示的已备案的私募基金管理人信息来看，2017 年广东创业投资市场中创业投资基金机构数量和私募股权基金机构数量均处于全国各省区首位。但通过细分数据，可以发现，广东的创业投资基金机构资本规模主要集中在 2 亿元以下，私募股权基金机构也大多分布在 20 亿元以下，10 亿元以上资本规模的创业投资基金机构和 100 亿元以上资本规模的私募股权基金机构占比较小，机构数量也比北京、上海等地区偏少，专业化、规模化、国际化的行业龙头企业亟待增强。而大资本规模的创业投资机构在引领和活跃区域创业投资市场、促进区域行业的规范化运作、推动区域高成长型企业的快速发展、降低区域新兴产业和创新型企业的融资成本、培养行业专业化人才等方面具有十分重要的意义。

（二）创业投资活跃度和强度有待提升

纵观近年来广东创业投资市场发展，广东创业投资机构总数虽然一直稳居全国首位，但创业投资金额、投资项目数等反映市场活跃度的关键指标却一直落后于北京、上海，特别是与全国首位的北京差距较大。例如，2017 年广东省创业投资金额仅为北京的 43.22%，创业投资项目数仅为北京的 61.38%，可见广东省创业投资市场的投资氛围、环境等优化提升的空间较大。

创业投资强度（单个项目的平均投资额）反映了一个地区创业投资市场中创新项目的质量水平、发展阶段。近年来，广东省的创业投资强度落后于北京、上海等地区，例如，2017 年，广东省的创业投资强度为 3736 元/项，而北京和上海则分别高达 5156 元/项、3955 元/项；而且在 2012~2016 年间广东的创业投资强度较江苏、浙江都低，2017 年也仅以微弱优势领先。

综上可见，广东亟待充分发挥其区域创业投资机构集聚的优势，大力提升创新创业环境，推动新兴产业技术的创新和成果转移转化，促进中小企业加速成长壮大，引导创业投资成为区域推动创新驱动发展的新动能、"大众创业、万众创新"的加速器。

（三）区域间创业投资辐射作用有待加强

整体而言，广东省创业投资市场呈现以深圳为中心、广州和珠海为两翼的"一核两翼"发展格局，其中，深圳集聚了全省 76.02% 的创业投资机构，广州和深圳两市创业投资基金规模合计占了珠三角总额的 92.1%。但从年度投资项目案例数等投资行为数据来看，广州和深圳两市的创业投资集聚优势未能对珠三角及全省形成有效辐射作用，例如，2017 年全省 855 项创业投资案例中广、深两市合计占了 762 项，占比达 89.13%，并且粤东西北地区投资案例数仅为 10 项。优化区域间的协同合作，强化全省创投资源的跨区域流动与辐射带动，将对广东建设现代化经济体系、推动经济高质量发展提供新动能。

第五章　广东省多层次资本市场

目前我国多层次资本市场的结构主要分为四个层次：一板市场（主板市场、中小板市场）、二板市场（创业板市场）、三板市场（新三板市场）和区域性股权交易市场（见图5-1）。主板市场中的深圳证券交易所坐落在广东，深交所同时拥有中小板、创业板两大板块，是广东多层次资本市场的重要组成成分。广东还拥有三个区域性股权交易中心，分别是前海股权交易中心、广州股权交易中心和广东省金融高新区股权交易中心，主要服务于广东省内处于成长初期的小微企业。

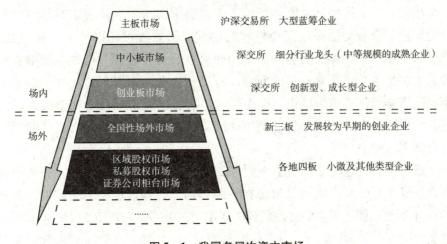

图5-1　我国多层次资本市场

多层次资本市场针对企业的发展规模、成长阶段、经营模式打造差异化的融资服务平台。具体而言，主板市场和中小板市场主要服务于行业龙头、大型和骨干型企业，旨在打造蓝筹股市场；创业板市场重点为创新型企业提供融资平台，服务于成长中后期具有自主创新能力的企业；新三板市场和区域性股权交易市场主要是为创新型、创业型、成长型中小微企业提供服务。综上所述，多层次资本市场中的创业板、新三板和区域性股权交易市场的服务对象都是以科技型企业为主，是科技金融服务体系的重要组成部分。因此，本章重点介绍广东省企业在创业板、新三板和区域性股权交易市场的上市融资情况，以及广东省政府部门支持科技型企业上市相关政策措施。

第一节　创业板市场

一、创业板市场概况

创业板又称二板市场，即第二股票交易市场，是指主板之外专为暂时无法上市的中小企业和新兴公司提供融资途径和成长空间的证券交易市场，是对主板市场的有效补给，在多层次资本市场中占据着重要的位置。创业板市场完善了我国的证券市场结构，使得资本市场与风险投资相结合，有效地促进了金融支持科技发展机制的形成。创业板市场以"低门槛进入，严要求运作"为原则，为有潜力的中小企业提供了便捷、低成本的融资渠道，解决了中小企业融资难的问题，有助于企业健康发展。此外，创业板为风险资本提供了退出渠道，吸引带动了大量的政府和社会资金流向科技创新型中小微企业，缓解其发展初期的资金难题并帮助其建立规范的现代公司治理结构。

近 5 年来，创业板上市公司数量、总发行股本、总流通股本、上市公司市价总值和上市公司流通总值都在不断增加，市场规模在不断扩大。截至 2017 年年底，创业板市场已发展到 710 家上市公司，总市值 51288.81 亿元，总发行股本 3258.49 亿股，总流通股本 2186.48 亿股（近年来基本数据指标如表 5-1 所示）。虽然创业板的各个指标的增长速度并不一致，但都呈现出增长速度 2013~2015 年较快，2015~2017 年增速减缓的趋势。而市价总值和流通总值则在 2013~2015 年快速增长后趋于平稳，维持在一定的水平。创业板市盈率虽然在近 5 年内波动较大，整体呈现先增长后减小的趋势，但其依然保持远高于同日深市主板的平均市盈率。

表 5 - 1　　　　　　　2013～2017 年深交所创业板基本数据指标

项目	2013 年 12 月 31 日	2014 年 12 月 31 日	2015 年 12 月 31 日	2016 年 12 月 31 日	2017 年 12 月 31 日
上市公司数量（家）	355	406	492	570	710
总发行股本（亿股）	761.56	1077.25	1840.45	2630.60	3258.49
总流通股本（亿股）	430.00	687.68	1168.88	1700.44	2186.48
上市公司市价总值（亿元）	15091.97	21850.94	55916.24	52254.50	51288.81
上市公司流通总值（亿元）	8218.82	13072.90	32078.67	30536.90	30494.77
平均市盈率	55.21	64.51	109.01	73.21	49.15

数据来源：深圳证券交易所。

二、广东省企业创业板上市情况

创业板自成立以来，不断发展壮大，持续完善板块功能，构建了多维立体创新资本生态体系。目前，创业板已经发展成为资本市场服务实体经济的重要组成部分，有力地支撑创新创业企业健康成长，助力经济高质量发展，为深入实施创新驱动发展战略和推进供给侧结构性改革提供了重要保障。广东省在创业板上市的公司逐步呈现出"两高六新"的特点，即高成长性、高科技含量，新经济、新技术、新农业、新材料、新能源、新服务。

（一）区域分布

截至 2017 年，深圳证券交易所创业板上市公司共有 710 家。其中广东省的上市公司最多，共有 164 家，占创业板总数的 23.1%，其次是北京 96 家，江苏 93 家（具体情况见图 5 - 2）。在广东省内深圳、广州、东莞和珠海 4 个城市拥有较多的创业板挂牌公司，挂牌公司数量分别达到 82 家、25 家、12 家、11 家，粤东西北地区创业板挂牌公司数量偏少，仅占广东省挂牌公司总数的 6%。具体情况见图 5 - 3。

（二）行业分布

在广东省创业板上市的企业中，大多数集中在制造业和信息技术服务两大类，其中又以制造业的挂牌企业数量最多，占比达 71.3%，其次是信息技

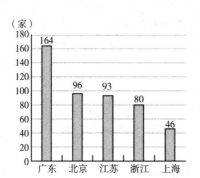

图 5 - 2 **2017 年主要省市创业板**
上市企业累计数量

数据来源：深圳证券交易所。

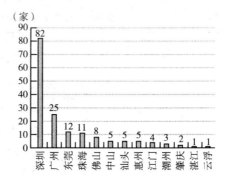

图 5 - 3 **2017 年广东省创业板**
企业区域分布

数据来源：深圳证券交易所。

术服务业，挂牌企业数量占 17.7%。此外，广东的创业板上市企业还涉及农林牧渔、水电煤气、建筑业、批发零售、商务服务和科研服务等行业。具体如图 5 - 4 所示。

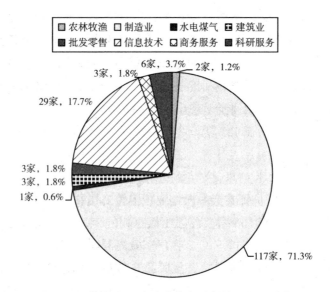

图 5 - 4 **截至 2017 年广东省创业板企业行业分布**

数据来源：深圳证券交易所。

此外，创业板还聚集了一批具有影响力、竞争力的新兴产业公司，覆盖了战略新兴产业多个领域，主要包括新一代信息技术、生物、新材料、节能环保、高端装备制造、新能源等。

（三）龙头企业

作为创新驱动发展的主战场，创业板在所有上市公司的板块中以新兴产业和成长性著称，培育了多家高速成长的细分行业龙头，成为经济发展中的重要成长力量。其中包括广东省内最大的 3 家挂牌企业，分别是注册在云浮市的温氏股份、注册在深圳的华大基因和汇川技术，公司市值分别达到 1179.45 亿元、727.38 亿元和 498.37 亿元。这些龙头企业以科技创新为核心竞争力，凸显出较强的成长型特征，2017 年分别实现营业收入 556.57 亿元、20.96 亿元、47.77 亿元。

（四）募资情况

创业板吸引和调动社会资本广泛参与企业创新创业全过程，发挥资本市场在并购重组、产业整合过程中的主渠道作用，打造创新与资本有效融合的活力之源，为中小企业提供了直接有效的融资渠道，有力支持了创业创新企业成长。2017 年，广东省创业板挂牌企业累计募资规模为 314.07 亿元，低于 2016 年的 405.8 亿元和 2015 年的 351.85 亿元（见表 5-2）。2017 年，广东省首发企业 41 家，募资 163.73 亿元、占比 52.13%；增发企业 51 家，募资 150.34 亿元、占比 47.87%。从全国来看，广东省的创业板企业募资总额最高，其次是北京和浙江，企业募资总额分别是 257.12 亿元和 191.26 亿元。

表 5-2　　　　　　　 **2015~2017 年广东省创业板挂牌企业募资情况**

年份	募集资金 （亿元）	首发家数 （家）	首发募集资金 （亿元）	增发家数 （家）	增发募集资金 （亿元）
2017	314.07	41	63.73	51	150.3407
2016	405.80	24	79.95	45	325.85
2015	351.85	13	44.25	48	307.60

数据来源：深圳证券交易所。

就首发募资规模来看，广东省的创业板企业募资较高，2017 年累计募资 163.73 亿元。紧随其后的是浙江省和江苏省，分别累计募资 90.77 亿元和 67.45 亿元，此外，募资较高的省市还包括福建省、山东省和北京市，分别首发募资 43. 17 亿元、38. 4 亿元和 27. 84 亿元。在广东省内，首发募资较高的企业包括国民技术、电连技术和大富科技，这 3 家公司分别从创业板市场首发募资 23. 8 亿元、20. 32 亿元和 19. 8 亿元。

在增发募资方面，2017 年期间，广东省创业板挂牌企业增发募资较高，达到 150. 34 亿元，位居全国各省市第二。北京市增发募资共计 226. 27 亿元，名列第一。其他增发募资较高的省市还包括浙江省、江苏省和山东省等，增发募资分别达到 123. 81 亿元、85. 56 亿元和 77. 3 亿元。详见图 5 – 5。

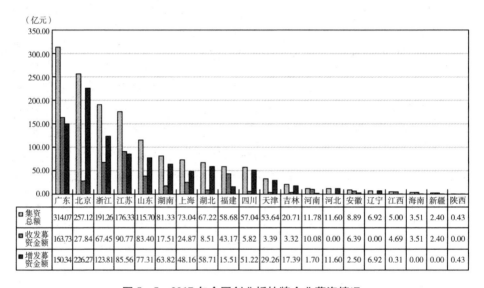

（亿元）

	广东	北京	浙江	江苏	山东	湖南	上海	湖北	福建	四川	天津	吉林	河南	河北	安徽	辽宁	江西	海南	新疆	陕西
集资总额	314.07	257.12	191.26	176.33	115.70	81.33	73.04	67.22	58.68	57.04	53.64	20.71	11.78	11.60	8.89	6.92	5.00	3.51	2.40	0.43
收发资金额	163.73	27.84	67.45	90.77	83.40	17.51	24.87	8.51	43.17	5.82	3.39	3.32	10.08	0.00	6.39	0.00	4.69	3.51	2.40	0.00
增发募资金额	150.34	226.27	123.81	85.56	77.31	63.82	48.16	58.71	15.51	51.22	29.26	17.39	1.70	11.60	2.50	6.92	0.31	0.00	0.00	0.43

图 5 – 5 2017 年全国创业板挂牌企业募资情况

数据来源：深圳证券交易所。

（五）科技创新

创业板公司以"高科技"含量著称，绝大部分企业一直保持较高的研发投入，累计研发支出金额占营业收入的比重超过 5%，有力地支撑了企业的创新发展，并形成了示范效应和良性循环，吸引越来越多的优质创新公司选择创业板。例如，截至 2017 年深圳市在创业板上市的公司中有 17 家来自南山高新区，涉及上市公司市值 1142. 66 亿元，包括从事多肽药物研发、生产和销售的翰宇药业、小型生活电器智能控制器龙头企业英唐智控、生产安全芯片和通信芯片的国民技术等高新技术企业。

第二节 新三板市场

一、新三板市场概况

新三板市场是我国多层次资本市场中的重要组成部分，是继上海、深圳交易所之后第三个由中国证监会统一监督管理的全国性股权交易市场，是我国重要的场外市场。自 2013 年成立以来，新三板市场坚持改革创新，不断提升服务功能。2015 年，为解决企业挂牌需求与市场服务不足、效率不高的矛盾，对挂牌审查机制、定价功能等进行了完善；2016 年，为应对日益累积的市场风险，加强了风险排查和管控，同时加大违规处置力度；2017 年，针对发行功能不强、流动性不足等问题，适时推出市场分层、信息披露、交易制度三项改革，特别是分层制度的推出，使新三板市场中的挂牌企业被分为创新层和基础层两大类，不仅有利于股转系统自身吸引优质公司，还对多层次资本市场的深化发展影响深远。随着这一系列创新举措的推出，新三板市场的队伍不断壮大，挂牌企业数量快速增加，在资本市场体系中扮演着重要角色。截至 2017 年年底，新三板挂牌公司数量为 11630 家，其中创新层企业1353 家，占比为 11.63%，基础层企业 10277 家，占比为 88.37%。新三板挂牌公司总市值为 49404.56 亿元，相比 2016 年 40558.11 亿元的总市值增长了15.46%（见图 5-6）。

从挂牌公司地域分布来看，2017 年股转系统挂牌公司已经涵盖国内 31个省市自治区。其中广东省挂牌公司数量位居首位，2017 年新增 421 家，达到 1878 家，占比为 16.15%。北京、江苏、浙江、上海等地区的挂牌企业数量较 2016 年均有所增长，分别新增 231 家、256 家、209 家和 162 家，挂牌企业集中于东部经济较发达的地区。

从挂牌公司行业分布来看，股转系统与 A 股市场有较大不同，体现了其服务于"创新型、创业型"企业的定位。2017 年挂牌公司的行业分布涵盖18 个门类，其中制造业挂牌公司数量最多，为 5794 家，占比达到 49.82%。代表新兴产业的信息传输、软件和信息技术服务业共 2275 家，占比为19.56%，新兴产业挂牌企业的比例超过 A 股市场。

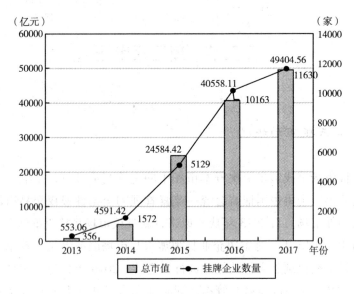

图5-6 2013~2017年新三板挂牌数量和总市值

数据来源：Wind资讯。

2017年股转系统共有2424家公司进行增发融资，占股转系统挂牌公司总数的20.84%，与2016年相比，参与增发融资的企业数量减少了7.94%，融资活跃度有所下降；2017年挂牌企业共发行股份284.4亿股，比2016年的316亿股减少了10%；总融资金额1153.49亿元，比2016年的1348.33亿元减少了14.45%，增发融资情况欠佳。

从分层来看，2017年创新层平均每家融资企业获得融资额达0.73亿元，是基础层的2倍。从融资活跃度也可以看出，创新层获得融资的企业占比约44.15%，远高于基础层的16.87%。创新层企业在股转系统中获得融资的能力明显优于基础层（见表5-3）。

表5-3　　　　　　　　　2017年股转系统融资情况分层对比

分层	挂牌企业数量（家）	融资额（亿元）	融资额占比（%）	有融资的企业数量（家）	平均每家有融资的企业获得的融资额（亿元）	有融资的企业数量占比（%）
基础层	10277	652.54	56.57	1734	0.37	16.87
创新层	1353	500.95	43.43	690	0.73	44.15

数据来源：全国中小企业股份转让系统。

二、广东省企业新三板上市情况

（一）企业总量

近年来广东省新三板挂牌企业增长迅速，2017 年新增 421 家，总量达到 1878 家，是 2014 挂牌企业总数的 12.6 倍，年挂牌企业雄踞全国各省市第一名。可见广东省在全国新三板业务发展布局中处于极其重要的位置，而新三板企业已经成为支撑全省经济和产业发展的重要力量。具体见图 5 – 7。

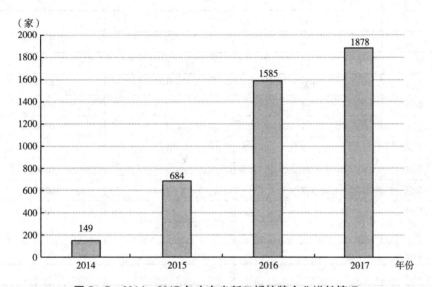

图 5 – 7　2014 ～ 2017 年广东省新三板挂牌企业增长情况
数据来源：全国中小企业股份转让系统。

（二）区域分布

广东省新三板挂牌企业主要集中发展在珠三角地区，且主要以深圳和广州为主。深圳、广州、东莞已挂牌企业合计 1409 家，占全省的 75.03%，其余 18 个地市合计挂牌数量占全省的比例仅为 24.97%。粤东西北地区发展较为落后，新三板已挂牌企业共 94 家，占比仅为 5.01%，且主要集中在汕头和梅州两市。具体如表 5 – 4 所示。

表5－4　　广东省各地市新三板挂牌企业融资情况统计表（截至 2017 年 12 月底）

地区	新三板挂牌企业家数（家）	当期新增家数（家）	当年融资额（亿元）
广州	429	83	46.58
深圳	780	86	108.56
珠海	84	5	2.79
汕头	58	9	7.74
韶关	7	1	0.40
河源	6	2	0.36
梅州	26	7	3.29
惠州	42	8	1.58
汕尾	1	0	0.00
东莞	200	31	19.98
中山	70	19	3.02
江门	19	6	2.15
佛山	100	21	6.56
阳江	4	2	0.00
湛江	1	1	0.00
茂名	3	1	0.18
肇庆	21	5	0.74
清远	7	1	0.65
潮州	10	2	0.20
揭阳	7	2	1.30
云浮	3	2	0.50
合计	1878	294	206.58

数据来源：广东省金融工作办公室。

此外，深圳市挂牌企业指标遥遥领先。注册地为深圳市的已挂牌企业 780 家，占全省的 41.53%，2017 年当年融资额也位列全省第一，为 108.56 亿元，远远高于排在第二位的广州市的 46.58 亿元。

（三）行业分布

广东省新三板挂牌企业行业分布广泛，以制造业、信息业为主。截至 2017 年年底，在全省新三板挂牌企业中，制造业领域的挂牌企业数量最多，达到了 913 家，占比为 53.96%；其次为信息传输、计算机服务和软件业以及房地产业、批发和零售业，三个行业领域的新三板挂牌企业数量也均达到100家以上，分别为311家、111家和105家，占比分别为18.38%、6.56%和6.21%。其中，创新层企业所在领域主要为制造业和信息传输、计算机服务和软件业以及批发和零售业，占比分别为55.56%、17.04%和8.15%；基础层企业主要集中在制造业和信息传输、计算机服务和软件业以及房地产业，占比分别为53.82%、18.5%和6.87%（见图5-8）。

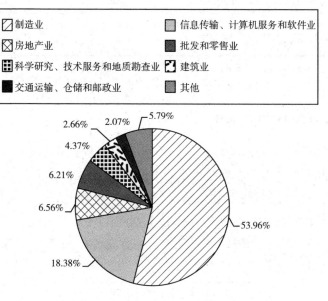

图5-8　截至2017年广东省新三板企业行业分布

数据来源：全国中小企业股份转让系统。

（四）科技创新

广东省2017年首批高新技术企业名单中，广东新三板企业共有154家入围，其中创新层和基础层企业分别有19家和135家；股票采取做市和协议转让的分别有29家和125家；广州、佛山、东莞、珠海、汕头分别有47家、28家、22家、20家、10家新三板企业入围（见表5-5）。此外，从行业来看，挂牌企业入围数量最多的是制造业和信息软件类，分别有106家和27家。其他行业分别为：科学研究和技术业6家；租赁和商务服务业4家；批发和零售业3家；水利、环境和公共设施管理业3家；电力、热力、燃气及水生产和供应业2家；建筑业2家；农、林、牧、渔业1家。

表5-5   广东各地市新三板企业入围高新技术企业名单情况表   单位：家

城市	高新技术企业数量	城市	高新技术企业数量
广州	47	惠州	4
佛山	28	梅州	4
东莞	22	河源	2
珠海	20	江门	2
汕头	10	揭阳	1
中山	7	清远	1
肇庆	5	韶关	1

数据来源：http://www.wabei.cn/p/201711/2292856.html

（五）市值 TOP100 企业

截至 2017 年 12 月 31 日，广东 1878 家新三板挂牌企业中有 958 家企业有市值，占比 51%。广东新三板企业市值 TOP100（门槛为 11 亿元）中，创新层 43 家、基础层 57 家、协议转让 78 家、做市转让 22 家。总市值超过 100 亿元的有 3 家企业，而市值在不足 15 亿元、15 亿~20 亿元、20 亿~30 亿元、30 亿~50 亿元、50 亿~100 亿元的企业分别有 36 家、21 家、18 家、12 家、10 家。具体如图 5-9 所示。

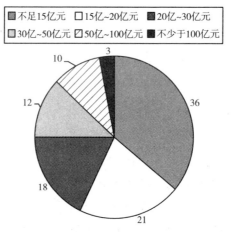

图例：
- 不足15亿元
- 15亿~20亿元
- 20亿~30亿元
- 30亿~50亿元
- 50亿~100亿元
- 不少于100亿元

图 5-9   2017 年 12 月广东新三板企业 TOP100 市值分布（单位：家）

注：小值包含，大值不包含。

数据来源：挖贝新三板研究院。

市值排名分列 TOP100 榜单 1～10 位的企业及其市值分别是恒大淘宝（834338）190.43 亿元，华强方特（834793）149.69 亿元，蓝海之略（834818）101.70 亿元，贝特瑞（835185）83.29 亿元，天图投资（833979）77.97 亿元，汇量科技（834299）74.53 亿元，菲鹏生物（838391）70.09 亿元，科顺防水（833761）67.97 亿元，同创伟业（832793）66.53 亿元，众诚保险（835987）59.85 亿元。

从行业分布来看，电子设备、仪器和元件行业企业数量最多，有 10 家企业；其次是电气设备行业，有 7 家企业；商业服务与用品行业，有 6 家企业。

新三板市场自成立以来，作为资本市场服务中小微企业的重要平台，逐步形成了"小额、快速、灵活、多元"的发行融资制度，挂牌公司融资规模持续扩大，为解决创新、创业、成长型小微企业的融资难、融资贵问题，促进中小微企业创新发展，完善直接融资体系发挥了积极作用。同时，新三板在为中小企业提供融资支持过程中也面临不少问题和挑战，就广东省企业在新三板挂牌情况来看，主要存在着融资交易功能弱化，挂牌企业区域分布不平衡和缺乏中介服务机构等问题。

一是融资交易功能弱化。新三板市场交易低迷，流动性不足，融资功能减弱，大部分挂牌企业的股份转让甚至为零，一些挂牌企业前 10 大股东的股份占比达到 100%，只有个别挂牌企业的交易相对活跃。尤其是挂牌新三板基础层的企业难以实现获得融资、提高股份流动性的目的，因此，许多企业主动放缓挂牌新三板的步伐或终止挂牌。从近年广东省企业新三板挂牌情况来看，2015 年和 2016 年挂牌企业增长率分别为 359% 和 132%，而 2017 年增长率仅为 18%，增长速度下滑。

二是挂牌企业区域分布不平衡。广东省新三板市场挂牌企业主要集中在珠三角地区。截至 2017 年年底，珠三角地区新三板挂牌企业数量为 1784 家，占全省的比例达到了 94.99%，而粤东西北地区占比仅为 5.01%，区域发展不平衡现象十分显著。因此，如何推动粤东西北地区企业加快新三板挂牌步伐，补齐短板，是广东省亟待解决的一个重要问题。

三是缺乏中介服务机构。中介机构在企业上市挂牌过程中起到至关重要的作用，一个地区服务企业上市挂牌的中介机构数量的多少，从某种程度上决定了当地多层次资本市场的效率高低。目前广东省针对企业新三板挂牌的中介服务机构偏少，服务内容比较单一，缺乏能够涵盖金融、财务、管理等业务的综合服务机构，因此，广东省需要进一步加强新三板挂牌中介服务的系统性和专业化发展。

第三节 区域性股权交易市场

一、区域性股权交易市场概述

(一) 发展概况

区域性股权交易市场(又称"四板"市场)是为特定区域内的企业提供股权、债券的转让和融资服务的私募市场,是我国多层次资本市场的重要组成部分,是服务中小微企业、促进创新创业的重要平台。通过为当地非上市企业特别是中小微企业与全国投资者提供投融资对接服务,有效地拓展了中小微企业融资渠道,促进当地特色产业的发展。对于弥补交易所场内市场金融服务不足、满足区域化投融资需求、缓解地方金融服务需求和供给之间的矛盾、优化金融结构具有重要意义。

截至 2017 年 8 月底,全国共设立区域股权市场 40 家,挂牌企业 21410 家,展示企业 73244 家,纯托管企业 7942 家,企业共计 10.26 万家。服务企业数量最多的前五位区域股权市场为前海、上海、齐鲁、武汉和广州。全国区域股权市场累计实现融资 8589 亿元,其中股权融资 1009.01 亿元,债券融资 1879.94 亿元,股权质押融资 3212.15 亿元。重点区域性股权市场累计融资情况如表 5 - 6 所示。

表 5 - 6　　重点区域性股权市场累计融资情况 (截至 2017 年 8 月底)　单位:亿元

项目	武汉	重庆	齐鲁	上海	浙江	广州	前海	佛山	北京
融资金额	713.48	692.07	188.58	249.42	405.08	135.71	416.52	175.33	135.81
私募股权	300.32	23.17	42.97	209.06	—	9.98	—	0.08	82.16
股权质押	391.24	484.95	59.35	—	—	11.69	—	6.23	0.70
私募债	21.92	183.95	84.76	40.36	—	70.81	187.04	168.68	45.48
私募可转债	—	—	1.50	—	—	—	49.55	—	0.70
其他	—	—	—	—	—	43.23	179.93	0.34	6.77

注:前海融资情况数据截止日期为 2017 年 6 月底,数据来自证监会打非局。

（二）区域性股权交易市场与新三板市场的区别

区域性股权交易市场与新三板市场同属于我国的场外交易市场，两者主要的区别如表 5 - 7 所示。

表 5 - 7　　　　　　　　区域性股权交易市场与新三板市场的区别

项目	新三板	区域性股权交易中心
挂牌主体	公众公司，股东人数可以突破 200 人，挂牌企业来源于全国各地	非公众公司，以有限公司为主，挂牌企业原则上来源于本区域
交易方式	协议、做市商、集中竞价设立较高的投资者门槛	协议，设立一定的投资门槛
监管主体	证监会	地方政府、证监会
托管登记机构	中登公司	各区域性市场

数据来源：中国证监会。

1. 挂牌主体要求不同。新三板挂牌的企业可以是非上市公众公司和非公众公司的股份有限公司，挂牌公司股东可以突破 200 人。区域性股权交易市场的挂牌对象只能是非公众公司，往往是未达到新三板挂牌要求，或是处于新三板挂牌等待期的企业。区域性股权交易市场的挂牌企业性质更加多样化，不仅可以是股份有限公司，还包括有限责任公司、合伙制企业等，挂牌的股份公司股东不能超过 200 人。

2. 交易方式不同。新三板可以采取协议、做市商、集中竞价三种交易方式，区域性股权交易中心只能采用协议方式。

3. 监管主体不同。新三板为证监会监管，有证券业协会发布的明文规定作为指导，体系完备，监管严格；区域性股权交易中心为地方政府部门监管，没有统一的监管规则，如监督管理办法及风险防范办法，只对挂牌企业实行报备制。

4. 托管登记机构不同。新三板由中登公司进行托管登记，而区域性股权交易中心则是由各区域性市场负责相关工作。

二、广东省区域性股权交易市场发展现状

2017 年，广东省共有 3 家区域性股权交易市场，分别是位于广州的广州股权交易中心、位于深圳的前海股权交易中心与位于佛山的广东金融高新区股权交易中心。整体来看，广东省的区域性股权市场已初具规模，在企业规

范培育、产品创新、融资服务、推动地方经济发展、促进产业转型升级和经济高质量发展等方面做了大量的工作，取得了积极成效。

（一）市场发展状况

1. 规范培育市场主体，促进挂牌企业成长壮大。广东省区域性股权市场加强市场资源有效配置、企业主体培育孵化，组织动员非上市股份有限公司、有限责任公司挂牌，不断扩大挂牌企业范围，引导社会资源特别是金融资源向具有竞争力的新兴行业、高成长性企业积聚，促进中小企业做优做强，带动产业集群集聚发展，打造区域经济发展新优势。截至 2017 年年底，广东省区域性股权市场挂牌企业超过 1.8 万家，展示企业 6 万余家。

2. 创新融资方式，解决挂牌企业融资难题。广东省区域性股权市场综合运用私募股权、可转债、股权质押等多种融资工具和方式，探索建立多元化投融资服务体系，帮助中小企业解决融资难题。2017 年前海股权交易中心累计为各类企业实现各类融资 22871 亿元。

3. 多元化培育孵化，加快企业上市步伐。企业通过在区域性股权市场挂牌，实现规范培育并获得融资，加上地方政府在土地、税收、房产等方面的政策支持，获得了快速成长。目前，各省区域性股权市场都在努力探索与"新三板"、沪深证券交易所合作的有效途径，助推挂牌企业进入更高层次的资本市场。截至 2017 年年底，广州股权交易中心累计推动 48 家挂牌企业成功转板新三板，53 家挂牌企业筹备转板，初步建立了培育孵化通道。

4. 推动并购重组，促进经济高质量发展。广东省区域性股权市场有效促进科技与资本结合，形成以企业为主体的自主创新体系，企业通过区域资本市场平台，进行同行业的并购重组，拉长产业链，实现企业价值的成倍增长。

（二）服务特色

1. 经营模式。目前广东省内区域股权交易市场的经营模式大致可分为以下两种。

（1）以券商为主导，公司化运作模式。2012 年 8 月，为推动区域性股权市场健康发展，证监会制定相关意见明确规定证券公司可作为会员或股东参与区域性市场，之后券商主导成为区域股权市场发展的重要推动力和主流趋势。例如，前海股权交易中心引入国内三家顶级证券公司——中信证券、国信证券、安信证券，采取公司制经营、职业化管理、团队化运营、市场化运作的模式。广东金融高新区股权交易中心由广发证券股份有限公司、招商证券股份有限公司、广东省产权交易集团等共同设立,以"省市共建,券商主导,市场化运作"为经营理念。

(2)以国有控股公司为主导的模式。广州股权交易中心采取的就是这种模式,由广州国际控股集团有限公司、广东粤财投资控股有限公司、广州凯得控股有限公司三大国有控股公司强强联手,于2012年8月正式成立运营。

2. 特色产品。区域性股权交易市场建设之初提供的主要产品及服务就是为在平台内挂牌的中小微企业提供股权、债权协议转让及定向增资扩股等。随着市场发展的经验积累,广东省区域性股权交易市场根据自身的金融市场环境,与银行、证券经纪商、基金、信托等合作,不断地创新推出有地方特色的产品及相关服务。如,广州股权交易中心联合基金管理公司、银行、券商和信托公司共同对接中小企业融资需求,并根据挂牌企业与合格投资者的具体条件,提供多种形式的融资产品,包括以风险投资(VC)和私募股权投资(PE)公司增资扩股为主的股权投资服务;以股权质押融资为主的商业银行间接融资;以券商和信托公司专项投资计划为主的投融资;以担保公司、小额贷款公司为主的融资以及知识产权、私募债、中小企业集合债权投资计划等。其中,广州股权交易中心推出的"股融通1号"中小企业质押型股权融资产品,是广州股权交易中心为挂牌企业提供的专享融资服务产品,针对企业处于成长初期、股权惜售的特点,联合投资基金,整合金融资源,为企业直接融资和间接融资实现有效对接。

另外,前海股权交易中心联合政府职能部门,打造新型融资模式,通过成立产业基金将政府的财政扶持资金与民间资本相结合,以财政撬动社会资本,放大财政扶持资金的使用效率与受惠范围,使财政扶持也变成有偿的投资行为。支持金融创新,带动民间资本、创新团队、优惠政策等各种资源,为中小企业融资开拓新的模式与途径,推动当地经济发展,解决中小企业融资难题。并且,为适应中小企业经营特征,前海股权交易中心发行一系列私募债,首次将非公开发行方式分成"定向发行"和"募集发行",并且允许融资者一次备案,有效期内多次发行,在风险可控的前提下,融资者可以自主发行,大大提高了企业的融资效率。

此外,广东金融高新区股权交易中心提出以服务为主,交易为辅,通过股权、债权、权益产品及相关金融产品为非上市公司进行融资,做到以融资服务为主。与广州、前海不同的是，广东金融高新区股权交易中心除了大多数区域性股权交易市场的股权托管、登记、转让、结算等服务，该中心还可以进行相关金融产品的研发、创新，为企业进行更加丰富、多样、个性化的融资服务。同时，广东金融高新区股权交易中心突出区域性股权交易市场的私募性与个性化，联合券商、担保公司为小额贷款公司发行集合私募债；同时，交易中心还为轻资产的创新型中小企业定制个性结构化私募融资方案，开拓债权融资渠道，并通过买断债权、账号监控实现风控目标，保障合格投资者利益。

3. 服务功能。各区域股权运营机构对于进入平台挂牌的公司要求不一，总体来看，区域性股权交易市场对企业的挂牌门槛比场内市场以及同为场外市场的新三板市场要低得多，对企业是否为股份制的要求也比较放松。有的区域股权中心不设立最低挂牌门槛，只要有意愿进场挂牌的公司按照要求申请，提交相应的申请文件即可挂牌。

其中，广州股权交易中心按照"定位高、覆盖宽、交易活"的思路，重点服务科技型中小微企业以及创新发展和战略性新兴产业。对于挂牌企业，广州股权交易中心实行无门槛、有台阶以及先挂牌、后收费的原则。这一原则可以吸引中小企业进入股权交易中心，并且股权交易中心对挂牌不收取任何费用，只有在企业成功融资或股权转让成功之后，根据交易金额收取一定的手续费；前海股权交易中心采取"注册制"与"自荐"相结合的挂牌方式，低门槛化也使得前海股交中心在短时间内聚集众多了企业。

前海股权交易中心充分利用这一特性，发展企业圈子交流："梧桐聚会"是针对挂牌企业定期开展的专题培训研讨会，旨在打造一个供企业家学习交流、促进合作的平台，使企业家聚在一起，探索企业经营发展之道；"总裁沙龙"旨在共同探讨如何打造卓有成效的领导，使其能够控制情绪，解决敏感问题；"梧桐私董会"旨在创造一个安全、信任、坦诚、私密的学习环境，构建一个相互学习、激发智慧的平台。这些企业圈子有助于企业扩展渠道、增进相互学习和交流。

广东金融高新区股权交易中心除"四板"市场的基本"挂牌板块"，还设计了科技板块。挂牌板块对企业挂牌实现有条件、需尽调的要求，在挂牌板块成功挂牌的企业可通过股权、债权、知识产权等方式进行融资；与之相比，科技板块的企业不需要尽职调查即可进场，也就是说，科技板的企业挂牌成本低，不需要中介的参与，但是，科技板的企业可进行知识产权类融资，却不能进行股权类融资。当然，针对挂牌板的企业与科技板的企业扶持政策也有所不同，奖励不可重复享受。具体如表5-8所示。

表5-8   区域性股权交易市场与新三板挂牌条件对比

要素	前海股权交易中心	广州股权交易中心	广东金融高新区股权交易中心	全国股份转让系统
主体资格	存续期满1年的非上市企业	设立满一个会计年度	依法设立且持续经营满一个完整会计年度	存续满2年的非上市股份公司
净利润	最近12个月的净利润累计不少于300万元	无限制	最近一个会计年度经审计的净利润不低于人民币100万元	无限制
营业收入	标准一：最近12个月的营业收入不少于2000万元 标准二：最近24个月营业收入累计不少于2000万元，且增长率不少于30%	无限制	最近一个会计年度经审计的营业收入不低于人民币1000万元；有限责任公司鼓励其使用经审计的财务报告且达到以上收入	无限制
主营业务	无限制	无限制	业务明确	主营业务突出
公司治理	无限制	治理结构健全	公司治理规范，报告期内无重大违法违规行为	公司治理机制健全，合法规范经营（没明确要求设置独董和董秘）
审查机制	没有行政审批	主管部门备案	主管部门备案	主管机关出具审查、核准意见

数据来源：中国证监会。

第四节 广东省推动科技型企业上市的经验做法

一、广东省层面

2017年，广东省围绕创新驱动发展战略，积极完善科技金融政策体系。

广东省政府、省科技厅等先后颁布了《广东省降低制造业企业成本支持实体经济发展若干政策措施》《广东省促进科技企业挂牌上市专项行动方案》，积极鼓励企业挂牌上市，降低企业融资成本，推进科技与金融深度融合创新。

其中，《广东省促进科技企业挂牌上市专项行动方案》提出，力争到 2020 年培育发展一批百强标杆企业和 20 家左右"独角兽"企业，全省在主板、中小板、创业板上市的科技企业数量超 450 家，在新三板挂牌的科技企业数量超 2400 家，在省内股权交易中心挂牌的科技企业数量超 25000 家，构建科技企业挂牌主板、中小板、创业板、新三板（全国中小企业股份转让系统）、四板（区域股权交易中心）的发展梯队。具体做法包括：

以国家高新技术企业数据库、省高新技术企业培育库、省孵化器在孵企业库、创新创业大赛项目库为基础，多方共同建立科技企业挂牌上市培育数据库。与省内各地市科技、财政部门建立科技企业挂牌上市培育数据库省市共享机制，引导各地市对入库企业的人才、用地、项目建设等予以综合性政策支持，并根据入库企业的不同阶段和相关指标实行针对性扶持。

例如，在辅导科技企业上市方面，将开展"独角兽企业"培育计划，加速高新技术企业规模晋级。在推动科技企业对接不同层次的资本市场方面，优选 200 家 1~2 年可以上市的成熟期企业（包括百强标杆高新技术企业、"独角兽"企业），提供定制化的上市培育辅导服务，组织聚焦于发行审核、并购重组、金融工具使用的资本市场培训。在加大科技企业挂牌上市的扶持力度方面，对在主板、中小板、创业板、新三板、省级以上股权交易中心挂牌上市的科技企业，鼓励各地市给予奖励，同时在申报科技计划项目、科技创新平台建设和申请享受各项普惠性财税支持政策时给予重点支持。

此外，《广东省降低制造业企业成本支持实体经济发展若干政策措施》明确提出，2017~2020 年省财政对在境内申请上市的民营企业，经证监部门辅导备案登记后，分阶段对完成公开发行之前支付的会计审计费、资产评估费、法律服务费、券商保荐费等中介费用，按不超过实际发生费用的 50% 给予补助，每家企业补助资金不超过 300 万元。对在"新三板"成功挂牌的民营企业奖励 50 万元，对进入"新三板"创新层的民营企业再奖励 30 万元。对在省内区域性股权市场发行可转换为股票的公司债券或增资扩股成功进行直接融资的民营企业，按企业融资金额的 2% 给予补助，每家企业补助资金不超过 300 万元。对"广东省高成长中小企业板"的挂牌企业按照融资金额的 3% 给予补助，每家企业补助资金不超过 300 万元。

二、地市层面

近年来，广东省各地市在推动企业上市融资，促进科技与金融结合方面进行了丰富的实践和探索，并出台了一系列政策。

（一）广州

2015 年广州市政府出台的《关于促进科技、金融与产业融合发展的实施意见》指出，对广州市科技型企业，完成股份制改造的补贴 20 万元；与证券公司签署推荐新三板挂牌协议的补贴 50 万元。广州市各个区也出台了各项支持企业上市的政策。例如越秀区政府出台了《越秀区奖励企业上市专项资金管理办法》，提出对新三板挂牌企业一次性奖励 50 万元；还出台了《越秀区关于促进黄花岗科技园创新发展的若干规定（试行）》，提出推动园区企业进行股份改制工作，对完成股改的企业给予 10 万元支持。天河区政府出台了《天河区"新三板"、广州股权交易中心挂牌企业奖励补贴暂行办法》，提出对新三板挂牌企业一次性奖励 80 万元。广州开发区、黄埔区政府出台了《广州开发区、黄埔区促进科技、金融与产业融合发展实施办法》，提出对新三板挂牌企业最高给予 100 万元补贴，对进入最高层的，再奖励 50 万元。挂牌后成功实现融资的，按实际募集资金的 1‰进行奖励，最高不超过 20 万元。

（二）深圳

2017 年，深圳市修订了《深圳市民营及中小企业发展专项资金管理办法》（下称"办法"），加大对企业改制上市、挂牌"新三板"以及并购重组的扶持力度，目的在于降低企业运营成本，推动企业结构优化，鼓励中小企业通过资本市场实现跨越式发展，从而提升深圳产业经济发展质量，进一步加强深圳城市竞争力。其中，一是强调了利用企业改制上市并购重组，推动产业经济发展。办法对民营及中小企业改制上市培育资助项目有详细规定，对于拟在境内上市的符合标准的企业，已完成股份制改造的给予最高 50 万元的补贴；对已完成上市辅导的给予最高 100 万元的补贴；已在境外成功上市的企业给予最高 80 万元的补贴。二是鼓励企业在"新三板"挂牌。对于已在"新三板"挂牌的民营及中小企业，已聘请中介机构完成股份制改造并在"新三板"成功挂牌的给予最高 50 万元奖励；对进入"新三板"创新层的再给予最高 30 万元的奖励。

2016 年，深圳市委市政府出台了《关于促进科技创新的若干措施》等文件促进科技创新，其中在强化金融对科技创新的服务支持方面，鼓励企业通过上市、再融资、并购重组等多种方式筹措资金，提高直接融资比重；利用深交所创业板设立的单独层次，支持深圳尚未盈利的互联网和高新技术企业上市融资；深化外商投资企业股权投资（QFLP）试点，鼓励境外资本通过股权投资等方式支持本市创新型企业发展；开展股权众筹融资试点，规范发展网络借贷等多项内容。

（三）佛山

近年来，佛山为推动企业股改及上市，相继出台了《佛山市促进企业上市三年行动计划（2016~2018 年)》《佛山市促进企业上市扶持办法》《佛山市上市后备企业管理暂行办法》《佛山市促进企业上市工作实施方案（2016~2018 年)》等政策。

其中，2017 年 5 月，为进一步推动金融、科技、产业融合创新，佛山市金融局、佛山市科技局联合发布《关于推动国家高新技术企业进入多层次资本市场工作的通知》，提出多项措施并举推动高新技术企业进入多层次资本市场，并建立动态调整的高新技术企业上市后备资源库，鼓励和引导高企加快股份制改造，并在全省率先推动高新技术企业对接科技板。

此外，《佛山市促进企业上市扶持办法》明确提出企业在上海、深圳证券交易所境内资本市场实现 IPO 上市，给予 50 万元资金扶持；企业在全国中小企业股份转让系统实现挂牌，给予 20 万元资金扶持；企业由全国中小企业股份转让系统转板至上海、深圳证券交易所 IPO 上市，按境内上市标准给予 50 万元资金扶持；企业在境外证券市场成功发行上市的，经认定后，参照国内上市标准给予一次性 50 万元资金扶持。

（四）东莞

2017 年，东莞市政府出台《东莞市鼓励企业利用资本市场扶持办法》（以下简称《办法》），提出在"科技发展与产业转型升级专项资金"中安排发展利用资本市场项目经费，鼓励和支持东莞市企业通过上市融资等多种方式利用资本市场加快发展，优化企业规模结构，提高自主创新能力和盈利能力。该《办法》明确指出，经市政府认定的上市后备企业，申请在境内外证券交易所首次公开发行股票上市，且申请资料经正式受理的，给予一次性200万元奖励；在境内外证券交易所成功上市，按首发募集资金额度给予0.5%的奖励，每家企业最高奖励500万元；成功挂牌全国股转系统的企业，给予一次性20万元的奖励，对进入创新层的企业，再给予一次性30万元的奖励；对成功挂牌全国股转系统的企业，通过直接融资方式实现融资，按首次融资金额给予1%的奖励，每家企业最高奖励100万元。

2017年，松山湖（生态园）管委会加大了对企业上市的支持力度，出台的《东莞松山湖（生态园）鼓励企业上市挂牌奖励暂行办法》指出，企业如果实现上市融资，最高可获得800万元的奖励，比东莞市现行的上市融资奖励标准高出300万元。该办法侧重于扶持鼓励企业上市挂牌，松山湖（生态园）将对东莞上市后备企业认定奖励分两个阶段进行：第一阶段为，经东莞市政府认定为东莞市上市后备企业的，奖励10万元；第二阶段为，申请在国内资本市场上市并经法定机构正式受理材料的，奖励190万元。在鼓励上市融资方面，对成功在国内资本市场首次公开发行股票并上市，或国内上市公司自迁入松山湖（生态园）后12个月内增发股票融资，且募集资金净额的50%以上投资在松山湖（生态园）的，松山湖（生态园）将按募集资金的0.5%给予融资奖励，累计最高不超过800万元（含）。在股转系统（俗称新三板）挂牌、交易方式、融资奖励方面，暂行办法明确，成功在全国中小企业股份转让系统挂牌的（已挂牌企业迁入的除外），奖励50万元；首次采取做市交易方式或监管部门后续公布的更高层次交易方式的，奖励10万元（从做市交易方式转为监管部门后续公布的更高层次交易方式除外）。

第六章　广东省科技信贷与科技担保

科技信贷和科技担保是广东省科技金融工作的重要组成部分。近年来，针对科技型企业知识密集程度高、可抵押资产少，相对于传统的银行信贷标准风险较高的特点，广东省着力推动银行、担保机构等金融机构针对科技型企业特点设计信贷产品和担保服务机制，加快开展面向科技型中小企业的省市联动、政企协作的科技信贷和担保服务新模式，建立多主体风险分担机制，在促进科技与金融深度融合，推动金融资源与科技资源有效对接方面取得了显著成效。

第一节　广东省科技信贷

一、发展概况

（一）整体概况

1. 全省科技信贷余额情况。据不完全统计，2017 年广东省银行金融机构的高新技术企业贷款余额达 6106.09 亿元，其中，深圳位居全省各地市首位，占全省总数的 54.54%，为 3384.78 亿元；接下来排名依次为广州、佛山、东莞，信贷余额分别为 848.13 亿元、479.16 亿元和 316.66 亿元，同比增长分别为 69.8%、73.2% 和 106.5%。从区域分布来看，珠三角九市科技信贷余额占全省总数高达 95.91%，额度达 5952.4 亿元。粤东西北各地市科技信贷余额在全省占比仅为 4%，主要原因在于：一方面粤东西北地区的高新技术企业数量较少，企业信贷需求总量相对较小；另一方面由于部分粤东西北地市对该项数据存在统计缺失，仅以纳入地区风险补偿资金池的贷款项目为统计数值，因此，导致粤东西北地区整体数据偏低。具体如图6-1所示。

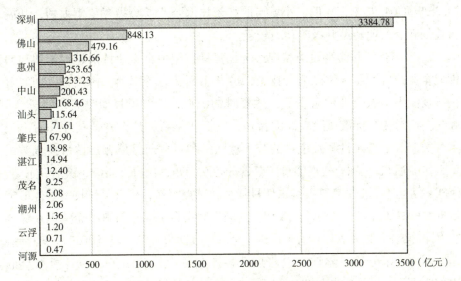

图6-1　2017年度各地区科技信贷余额

数据来源：各地市科技主管部门。

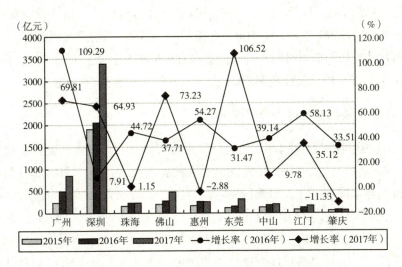

图6-2　近三年珠三角地区科技信贷发展情况

数据来源：各地市科技主管部门。

从图6-2中我们可以发现，2017年除深圳、佛山、东莞以外，其他珠三角地市的科技信贷增速呈现显著下滑态势，肇庆和惠州更是出现负增长，这表明，2017 年度由于经济发展环境等原因，大部分高新技术企业的投资活动在减速。但东莞、佛山、深圳却出现高速增长，分别同比增长 106.52%、73.23% 和 64.93%，表明三个城市的高新技术企业逆势投资欲望强烈，开展科技创新、产业转型升级等动力较强。

2. 普惠性科技金融试点情况。为加强科技型中小企业特别是种子期和初创期企业的融资需求，提高科技金融的普惠面、渗透率和工作效率，彻底解决科技型中小微企业的融资贵、融资难的沉疴，针对科技型企业"轻资产"和银行信贷传统标准风险较高的特点，2017 年 1 月，广东省科技厅先后出台了《关于发展普惠性科技金融的若干意见》和《关于开展普惠性科技金融试点工作的通知》，联合建设银行广东省分行在广州、珠海、汕头、佛山、东莞、湛江、清远等 7 个地市开展普惠性科技金融试点工作，建立了科技型企业信贷审批授权专属流程和信用评价模型，共同研究出台了《小微科技企业创新综合实力评分卡》。相关工作有力地促进了全省科技信贷工作，截至 2017 年 9 月底，建设银行广东分行已累计投放普惠性科技金融项目 1290 户，累计投放金额187692 万元，平均单户金额 145 万元。其中纯新项目（不含续贷项目）已累计投放 1071 户，占所有已投放项目（首贷率）的 83%，累计投放金额 125619 万元，平均单户金额 117 万元。在纯新项目中，纯信用贷款已累计投放 858 户，累计投放金额 69261 万元，平均单户金额 81 万元。对"已进驻省级及以上科技企业孵化器或众创空间的在孵科技企业和青年创客"已累计投放 51 户普惠性科技金融项目，累计投放金额 2851 万元，平均单户金额 56 万元。

（二）信贷机构与信贷结构情况

1. 科技信贷银行机构。人民银行广州分行对珠三角各地区银行机构的调查分析结果显示，从科技信贷发放额的机构类型来看，2017 年，珠三角科技信贷市场主要以全国性大型银行为主，所占市场份额为 53%，发放信贷金额达为 1196.76 亿元；中型银行、小型银行、农信社所占市场份额分别为21.9%、22% 和 2.4%，同比分别减少 0.7%、增加 3.9% 和增加 0.8%。可见全国性大型银行仍是科技企业信贷支持的主力军，但小型银行对科技企业的信贷支持力度明显加大，其市场份额同比显著提升。具体如图 6-3 所示。

同时，各类银行机构开展科技信贷业务力度持续加强，特别是大中型银行和农信社。2017 年，大型银行、中型银行、农信社三类机构的科技信贷占贷款发放总额的比重较高，分别达 8.5%、8.2% 和 12%，且同比分别提升了

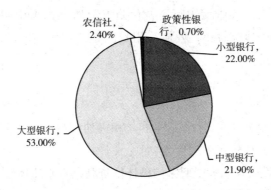

图 6 - 3   2017 年珠三角各类型银行机构科技信贷市场份额情况

数据来源：有关单位调研数据。

0.3%、3% 和 4.8%；而小型银行和政策性银行上述比重相对较小，分别为 4.8% 和 2.3%，且同比略微下滑。但从科技信贷余额来看，中小型银行、农信社则相对呈现快速增长态势，2017 年，大型银行、中型银行、小型银行、农信社、政策性银行科技信贷余额分别同比增长 19.7%、21.2%、21%、28.7% 和 13.9%。

2. 科技信贷结构概况。上述调查数据显示，2017 年，珠三角科技信贷中科技信用贷款、股权质押贷款、知识产权质押贷款的发放额分别为 617.88 亿元、59.14 亿元和 33.21 亿元，占科技信贷发放总额的比重分别达 27.4%、2.6% 和 1.5%，比重分别提升 2.3%、下降 0.3% 和提升 1.4%。信用贷款和知识产权质押贷款金额和占比均有所提升，反映了由于科技企业抵押物不足，金融机构积极加强抵质押方式，创新成效显著。

同时，从科技信贷发放机构主要类型来看，大中型银行的股权和知识产权质押贷款占比相对较高，分别占各自机构信贷总额的 4.7% 和 4.4%，小型银行为 2.8%，农信社和政策性银行未发放此类贷款。这与近些年来大中型银行积极在股权、知识产权质押融资等方面进行诸多有益探索与创新是分不开的，但由于当前股权和知识产权质押融资相关法律体系、价值评估、流转和处置机制、风险补偿机制等制度体系尚待健全，金融机构对科技企业的股权和知识产权质押贷款总体规模仍较小。

在科技信贷中信用贷款的占比方面，大型银行、中型银行、小型银行、农信社和政策性银行分别为 31.7%、36.5%、9.7%、3.6% 和 48%。大中型银行和小型银行信用贷款占比悬殊明显，主要与不同类型机构客户资质、经营策略等差异有关。大中型银行科技信贷发放对象以大中型科技企业为主，其经营风险和财务风险较小，发放信用贷款有助于缓解科技企业抵质押物不足导致的融资难题。

（三）利率情况

2017 年，受政策引导支持，金融机构积极加大对科技企业的倾斜力度，科技信贷平均年利率为 5.61%，低于全部企业贷款平均利率 0.09%。从银行金融机构来看，政策性银行和大中型银行科技信贷利率水平总体较低，科技信贷发放额加权平均年利率分别为 4.48%、5.08% 和 5.29%；小型银行、农信社相对较高，分别达 6.28% 和 6.49%。整体而言，虽然随着市场利率上升，2017 年科技信贷利率定价水平总体走高，但综合考虑资金成本、客户资质、风险溢价等因素，大中型银行科技信贷利率水平较小型银行仍有明显的优势。

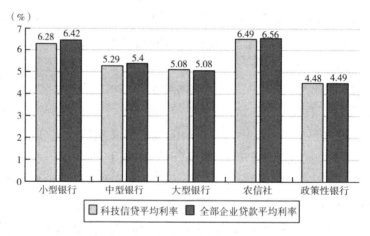

图 6 - 4　2017 年各类型银行机构科技信贷与全部企业贷款利率对比情况
数据来源：有关单位调研数据。

二、政策引导与风险分担机制

（一）信贷风险补偿

为加快推动银行等金融机构加大面向科技型中小企业的信贷支持力度，促进科技与金融深度融合，广东省科技厅针对科技型企业知识密集程度高、可抵押资产少，根据传统银行信贷标准风险较高的特点，创新科技信贷风险分担机制，设立科技信贷风险准备金制度。科技信贷风险准备金包括省级科技信贷风险准备金和省市联动科技信贷风险准备金。省市联动科技信贷风险准备金主要来源为广东省科技专项资金，用于配套各地市科技信贷风险准备金，共同组成省市联合科技信贷风险准备金，为科技型中小企业科技信用贷款所产生的风险损失按照一定比例进行补偿，扶持当地科技型中小微企业信用担保体系建设等；省级科技信贷风险准备金主要通过广东省科技金融信息平台，对科技型企业信贷予以支持。

截至 2017 年年底，省级财政累计投入科技信贷风险准备金 3.008 亿元，其中，省级科技信贷风险准备金 1 亿元，省市联动科技信贷风险准备金 2.008 亿元；各地市建立的科技信贷风险准备金池达 35.3 亿元，其中深圳数额最大，达 20 亿元，其次为广州，达 4.3 亿元。广东省省市联动的科技信贷风险补偿机制，有效推动了全省金融资源与科技资源的有效对接，先后引导了约 15 家银行机构支持科技型中小微企业超过 200 亿元，实际发放贷款超过 100 亿元。具体如图 6-5 所示。

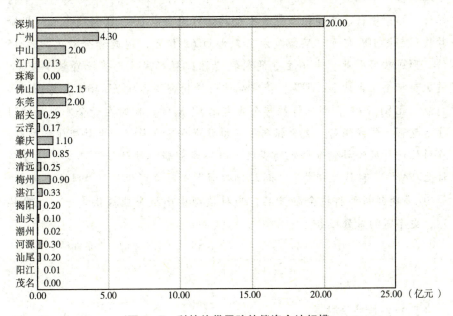

图 6-5　科技信贷风险补偿资金池规模

数据来源：有关单位调研数据。

同时，近年来广东省科技厅在省市联动风险准备金的基础上，还单独设立面向广东省科技金融信息平台（又称"网上科技银行"）的省级科技信贷风险准备金，与相关银行机构开展合作，对网上科技银行的科技型中小企业贷款出现的坏账项目实际产生的风险损失，按一定比例进行补偿或追加补偿。

专栏

广州科技信贷模式

2015 年起，在省市联动科技信贷风险准备金制度的推动下，广州市财政出资 4 亿元，与省级财政累计投入的 6000 万元共同设立广州市科技型中小企业信贷风险补偿资金池（以下简称资金池），创新财政资金使用模式，面向社会公开征集 8 家合作银行，对科技型企业贷款本金损失的 50% 给予补偿，建立财政资金与银行资金投向创新创业的联动机制，以风险共担方式引导合作银行按照科技贷款专营政策和新型信贷产品模式，为科技型企业发放不低于 10 倍风险补偿金规模的科技信贷额度，形成了"广州科技信贷模式"，切实解决科技型企业融资难融资贵问题。截至 2017 年 12 月，资金池共撬动中国银行、建设银行、兴业银行、广州银行、平安银行、中信银行、招商银行、交通银行等 8 家合作银行为全市 1005 家科技企业提供贷款授信超过 106 亿元，实际发放贷款超过 62 亿元，财政资金放大超过 15 倍，形成政府引导、市场主导的科技资源配置模式。已获批贷款企业中，首次获贷企业占比 36.12%，获得纯信用贷款企业占比 73.46%，高新技术企业占比 81.79%，新三板挂牌企业占比 17.81%。同时在资金池业务的引导示范下，浦发银行、光大银行等一批非资金池合作银行也转变体制机制，在科技信贷风险补偿资金池的基础上进一步创新科技信贷产品，包括"科技立项贷""科技保理贷""科技助保贷""科技孵化贷""科技三板贷"等 20 多项创新型科技金融产品，为科技型中小微企业提供更专业、更特别、更丰富的融资服务。

（案例来源：广东省科技厅）

（二）科技信贷贴息

近些年来，广东省各地市为进一步强化科技金融工作，切实减轻科技型中小企业融资难融资贵的难题，多地市先后出台了多项政策法规，对科技型中小企业的信用贷款提供财政贴息补助。例如，2015 年 3 月，东莞出台了《东莞市信贷风险补偿资金和财政贴息资金管理试行办法》，对获得贷款的企业，东莞市财政按其贷款项目建设期内实际支付利息最高不超过 70% 的比例给予贴息，同一项目贴息补助最长不超过 2 年，每家企业每年最高贴息 100 万元。2015 年 6 月，广州市人民政府出台的《关于促进科技、金融与产业融合发展的实施意见》提出，对科技型中小企业贷款超过银行同期基准利率部分按一定比例最高给予 100 万元贴息，且广州市科创委在"广州市科技与金融结合专项"中设置了科技信贷贴息专题，接受科技型中小企业申报。佛山市也从风险补偿基金中安排设立佛山风险补偿基金贷款贴息资金，给予风险补偿基金入库贷款项目年度不超过 20 万元的财政贴息扶持。

　　而深圳采用了基于"银政企合作"模式，协同支持科技型中小企业融资。企业将计划研发的项目向深圳市科创委申请列入深圳市银政企合作项目库，政府视企业项目情况定期公布入库企业项目，合作银行（浦发银行或农业银行）依据企业情况，贷款支持企业开展项目研发，后续政府对入库项目贷款给予贷款贴息。例如，2017 年 5 月，深圳市科创委公布了 2017 年第一批银政企合作贴息情况，76 个项目或财政贴息 1602.6 万元；7 月，公布了 2017 年银政企合作贴息 172 个入库项目。

三、科技支行建设

　　自 2010 年平安银行成立深圳科技支行、2012 年中国银行成立番禺天安科技支行以来，科技支行（科技信贷专营机构）在广东省各地市得以广泛铺开。截至 2017 年年底，全省有 17 个地市先后建设了科技支行，已初步构建了覆盖全省大部分地区的科技信贷专营服务网络，其中中国银行广东省分行的科技特色支行达到 22 家，分布在全省 14 地市和广州 6 区。科技特色支行设立于科技产业聚集区，有效缩短营销服务半径，短、平、快地服务科技企业，并作为政银企合作平台，有效助推政府各项科技金融扶持政策精准落地，让科技企业真正得到实惠。

　　据不完全统计，截至 2017 年年末，广东省共有科技支行（科技信贷专营机构）110 家，其中深圳 43 家，数量居所有地市首位。据深圳银监局发布的《2017 年深圳银行业创新报告》，深圳共有 23 家科技特色支行推出了科技金融专属信贷产品，为科技型企业发放贷款 2324.32 亿元，较年初增长 16.59%。接下来全省排名前五位的地市分别为广州、中山、江门、珠海，未建有科技支行的地市主要是粤东西北地区，如河源、茂名等。具体如图6-6所示。

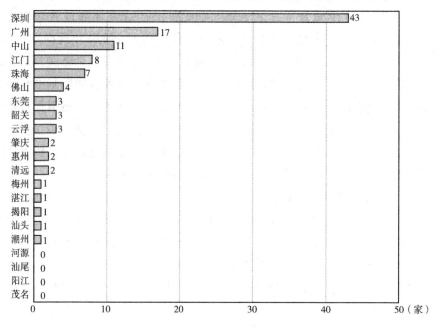

图6-6　科技支行（科技信贷专营机构）数

数据来源：广东省科技厅。

案例：广东省普惠性科技金融创新发力

为深入推进"大众创业、万众创新"，贯彻落实第五次全国金融工作会议精神，加快建设普惠金融体系，促进科技和金融深度融合，加强对小微科技企业的金融服务，广东省科技厅和建设银行广东省分行在广州、东莞、佛山、珠海、汕头、湛江、清远等7市开展普惠性科技金融试点工作，加大科技金融惠及小微科技企业的范围和力度，取得积极成效。

广东省"广佛莞"地区是首批促进科技和金融结合试点地区，产业基础好，企业数量多，金融资源富，创新意识强。2016年，建设银行总行依托广东省分行建立"科技金融创新中心"，在产品、模式、机制、激励等方向开展先行先试，已形成一批新模式、好做法，为全国推广积累了经验。

一、多维度构建科技企业评价体系

国内金融行业对贷款申请企业（包括科技企业）的传统评价体系主要以

财务报表为核心，容易把优质的高成长性小微科技企业排除在普惠性金融服务体系之外。2008 年，商业银行针对小微企业融资推出了"三品、三表、三流"评价体系（"三品"指人品、产品和押品；"三表"指水表、电表、税表或海关报表；"三流"指资金流、货物流、信息流），充实了评价标准。为了进一步适应小微科技企业轻资产、高成长性的特点，广东省科技厅、建设银行广东省分行、广东省金融学院联合开展了普惠性科技金融服务方面的系统研究，设计了《小微科技企业科技创新综合实力评分卡》，提出以"技术流"和"能力流"为标准，综合评价小微科技企业技术创新实力。"技术流"是指依据专利产出和拥有情况、科研人员结构、政府补贴金额、科技创新大赛获奖情况等信息，综合评价科技企业技术创新能力和水平；"能力流"是指依据企业实际控制人的能力、企业上市上板情况、股权激励情况、企业商标美誉度等信息，综合评价小微科技企业经营能力和水平。从"技术流""能力流"两大方面评价小微科技企业，与单纯依靠传统财务报表的评价体系和"三品、三表、三流"的评价体系相比，更为全面、精准和有针对性地反映小微科技企业的综合实力。

二、实践为导出台试点政策措施

广州等 7 个试点城市科技部门配套推出贷款风险补偿政策，针对信用类和准信用类（包括知识产权质押）融资进行风险补偿，对试点银行出险的本金代偿率不低于 50%，同时提供数据、宣传、推广等各项支持服务保障。建设银行也在降低门槛、减少成本、提高效率、增强服务等方面推出多样化措施。

（一）降低准入门槛

一是拓宽小微科技企业贷款适用范围。小微科技企业贷款适用于以下客户：已进驻省级及以上科技企业孵化器或众创空间的在孵科技企业和青年创客；名下有 1 项已授权且有效的发明专利，或名下有 1 项当前有效的软件著作权，或名下有 2 项当前有效的实用新型专利，或名下有 3 项当前有效的外观专利，且符合国家关于小微企业规定标准的企业。二是根据综合评分结果降低贷款条件。对小微科技企业主要融资产品使用《小微科技企业科技创新综合实力评分卡》，通过该评分卡适度降低企业成立年限、销售额、净利润率等贷款准入门槛，进一步解决小微科技企业融资难问题。

（二）降低融资成本

根据综合评分结果，提升小微科技企业贷款金额，同时提供利率优惠，平均价格为年息 5.7%，低于银行同业年息 6.5% 的纯信用贷款价格，且所有项目不额外收取保证金，进一步解决小微科技企业融资贵问题。

（三）提高审批效率

为小微科技企业贷款申报、审批开辟绿色快速通道，配置专门审批团队限时办理，审批通过率达98.5%，每笔平均耗时5.2个工作日，审批效率显著提升。

（四）增强网点支撑

在7个试点城市，建设银行可办理小微科技企业融资的营业网点（支行）数量达615个，每个网点至少配备1名人员为服务专员，进一步扩大普惠金融服务覆盖面。

（案例来源：广东省科技厅）

第二节　广东省科技担保服务

科技担保不仅是科技金融的重要组成部分，也是传统融资担保的一种创新模式。广东省作为全国中小微企业发展最为活跃的地区，地方政府针对科技型中小微企业前期投入风险较大，存在与银行信息不对称、缺乏抵押物等问题，鼓励发展科技担保机构，重点推进政策性担保、互助性担保类科技担保服务，并以补偿方式开展商业担保，完善中小微企业资金援助体系，为科技型企业开拓了新的融资模式。

一、融资担保市场概况

广东省的融资担保按照业务类型主要分为融资性担保业务、非融资性担保业务、债券发行担保业务、再担保业务。科技担保有别于传统融资担保，但又源于传统担保业务，其开展的具体金融业务与一般融资担保业务类型具有高度相似性，且受传统担保市场成熟度的影响。因此，本节将从行业规模、区域分布两个角度对广东省融资担保市场发展情况进行分析总结。

（一）行业规模

融资担保行业规模是一个地区担保市场整体发展情况的体现，同时也揭示了当地担保市场的发展趋势。广东省人民政府金融工作办公室公布的相关数据显示，2017年广东省融资担保行业机构数量增长趋势放缓，现有融资性担保法人机构261家，同比减少15.5%，全行业机构注册资本总额535亿元，同比下降了 9.3%，其中年度新注册的担保机构仅有 5 家，新增机构注册资本为 5.43 亿元，均是近几年增速的新低（见图 6-7）。而且 2017 年全省融资担保机构经营效益方面表现欠佳，其中 119 家机构出现了营业净利润为零或负，占全省融资担保机构总数的 45.6%。仅在在保余额方面保持了稳中有增的增长态势，2017 年已统计机构的在保余额为 2300 亿元，同比增长 18.2%。此外，2017 年全行业累计为全省 7288 家中小微企业提供融资担保 498 亿元，有力地缓解了科技型中小微企业融资难融资贵的问题。

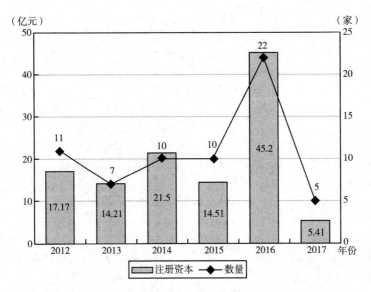

图 6-7　2012~2017 年广东省融资担保机构及注册资本年新增情况
数据来源：广东省人民政府金融工作办公室。

（二）区域分布

根据广东省人民政府金融工作办公室提供的调研数据，2017 年深圳和广州在担保机构数量、注册资本、在保余额等指标上继续处于全省的领跑地位，两地区机构数量合计占比达到 49.43%，注册资本合计占比达到 70.85%，在保余额占比 78.52%。另外，在所有 21 个地级市中，有 8 个地级市拥有 10 家以上的融资担保机构，其余 13 个地级市拥有的融资担保数量仅为个位数（见表 6-1）。从不同地市融资担保市场综合发展的区域特征上看，广东省的融资担保市场发展极不均衡，珠三角地区的各地市融资担保的市场活跃度、资本存量以及业务规模等均远高于粤东西北地区。

表 6 – 1　　　　　2017 年广东省分地市融资担保机构存量统计分布

序号	四分位级别	地市	机构数量 （家）	注册资本 （亿元）	在保余额 （亿元）
1	第四等级 （占比 70.88%）	深圳	93	225.86	693.84
2		广州	35	153.17	814.33
3		佛山	14	28.86	129.05
4		惠州	14	16.91	58.91
5		湛江	14	18.08	16.18
6		东莞	13	11.10	38.44
7	第三等级 （占比 18.77%）	珠海	11	14.00	39.99
8		汕头	11	11.93	18.91
9		江门	8	9.23	9.45
10		韶关	7	5.60	5.60
11		中山	7	9.90	44.22
12		梅州	6	4.96	8.78
13	第二等级 （占比 8.05%）	河源	5	4.35	13.22
14		揭阳	5	5.01	3.59
15		肇庆	4	4.55	21.99
16		潮州	4	3.20	1.23
17		阳江	3	2.50	1.34
18	第一等级 （占比 2.3%）	汕尾	2	1.60	0.52
19		茂名	2	1.80	0.57
20		清远	1	1.60	0.17
21		云浮	1	0.90	0.40

数据来源：广东省人民政府金融工作办公室。

以担保机构数量为指标，按照四分位图统计方法进一步呈现全省担保行业区域分布特征①，广东省的担保机构主要集中在珠三角地区，粤东西北地

---

① 依据四分位图统计分析方法，担保机构数量 0～2 家的为第一等级，担保机构数量 3～5 家的为第二等级，担保机构数量 6～11 家的为第三等级，担保机构数量 13～94 家的为第四等级。

区较为欠缺。数量位于第一等级的地级市主要有云浮市、清远市、汕尾市、茂名市 4 个城市，担保机构总量仅占全省的 2.3%。数量位于第二等级的地级市主要有肇庆市、揭阳市、阳江市、潮州市及河源市 5 个城市，担保机构总量占全省的 8.05%。位于第三等级地级市有珠三角地区的珠海市、中山市、江门市和非珠三角地区的汕头市、韶关市、梅州市，担保机构总量占全省的 18.77%。数量位于第四等级的地级市有珠三角地区的广州市、深圳市、佛山市、东莞市、惠州市以及粤西地区的湛江市，担保机构总量占全省的比例高达 70.88%。另外，湛江市的担保机构数量虽达到了 14 家之多，但是在保余额远远低于同等级的其他地市数据，表明融资担保机构开展业务不活跃，资本利用率不高的非常态发展现状。

二、科技担保业务类型

科技担保服务主要是为处于种子期、初创期的科技型中小微型企业，解决融资担保资质欠缺难题，具有高风险性，因此，科技担保业务的政府扶持特征显著。广东的科技担保业务主要以政策性担保为主，互助性担保、商业性担保等多种担保业务共同发展。

（一）政策性担保

政策性担保主要是指以科技型中小企业为服务对象，由以政府出资为核心、同时吸收部分社会资金成立的担保信用机构提供的担保服务。在国家层面高度支持创新创业的环境下，科技创新日益得到各地方政府大力支持，政策性担保也逐渐成为一种主要支撑手段。广东政策性融资担保业务近年来获得了快速发展，对科技型中小企业融资的支持力度日益增强。截至 2017 年底，广东省政策性融资担保机构共 31 家，已覆盖全省各地市，注册资本累计 138 亿元（其中国有资本 136 亿元），资产总计 220 亿元，净资产 165 亿元，在保户数 37785 户，其中，小微型企业 36432 户；融资性在保余额 555 亿元，其中小微融资性在保余额 325 亿元，整体运营颇见成效，有效缓解了科技型中小微型企业融资难问题。①

---

① 数据来源：广东省人民政府金融工作办公室编制的《广东省融资担保行业 2017 年度发展与监管情况》。

专栏

广东再担保：构建政策性融资担保生态圈

广东省融资再担保有限公司成立于 2009 年 2 月，是股东广东粤财投资控股有限公司授权经营单位，其以再担保机构为核心，政府支持的担保机构为骨干，其他担保机构为有益补充，共同开展"粤财普惠担保"项目。现已布局完善，发展日益成熟，逐步打造成为缓解中小微企业融资难、融资贵难题的政策性金融品牌，构建起了全省政策性融资担保体系，普惠金融生态基本形成。

在新时期，再担保公司推出了保贷、保租、保投、保贷投租业务联动业务模式，进一步向科技创新领域延伸，通过增强与粤财信托、粤财金科等金融服务机构的合作力度，提升科技赋能金融的能力，打造三类消费金融担保增信业务模式。

（案例来源：广东省融资再担保有限公司）

（二）补偿性商业担保

商业担保一般由商业性有限责任公司或股份责任制公司提供，以私营机构为主，按照市场化方式运作，通过为科技型企业提供担保而获取利润。由于科技企业的高风险性，商业担保机构很难从科技担保业务中获利，因此，需要政府通过税收、补贴、基金等方式来对商业担保服务机构进行补偿，降低商业担保机构的业务风险，以此鼓励商业性担保对科技型中小企业的支持，此类业务便是补偿性商业担保。补偿性商业担保是广东科技担保行业的重要业务类型之一，政府通过支持商业性担保机构的发展，一方面弥补了商业性担保机构为高风险科技型企业提供担保造成的损失，另一方面相对政策性担保业务弱化了政府的支持作用，减轻政府的财政负担。广州市开发区政府等单位合作，在多个地市地区成立了合资企业和分公司。

专栏

广东银达融资：政企联动，推动科技创新创业孵化

广东银达融资担保投资集团有限公司成立于 2000 年，是一家集信用评价、信用担保和信用管理于一体的大型中小企业融资服务机构，重点发力科技型企业担保业务，逐步与佛山市政府、番禺区政府、中山市国资企业、

银达担保成立以来，已为广州、珠江三角洲地区数千家中小企业提供了超过 200 亿元的担保融资，同时为 1 万多名私营小业主、创业者提供了经营和创业贷款担保，投资了广州迪森热能技术股份有限公司、中望商业机器有限公司、广州市羊城科技实业有限公司、广州科密汽车制动技术有限公司、广东天普生化医药股份有限公司、广州丰江微电子有限公司等一批知名的高新技术企业。

（案例来源：广东银达融资担保投资集团有限公司）

（三）互助性担保

互助性担保业务核心是降低担保风险和扩大机构集聚效应，具体表现为多个中小型融资担保机构成立基于行业协会或其他自治性组织的互助性担保网络，协同开展互保联保，共同制定行业协会或协同组织的管理规章制度，规范融资担保行为，并自出资金、自担风险，这种担保兼具商业性担保和政策性担保的功能，同时也是为中小型科技企业提供融资担保的主要形式之一。广东主要是一些互助性担保组织在行业协会或自治性组织体内部为其成员或会员提供融资担保，一方面提升了担保机构的担保能力，另一方面也增强了会员或企业的融资能力，有效缓解了科技型中小企业融资难题。不可忽视的是，企业相互之间进行互保联保或连环担保虽然在一定程度上缓解了企业融资难的问题，但也可能加剧银行信用风险，因此，在具体运营中需加强市场监管、提高准入门槛和加强规章制度建设的安排。

专栏

佛山担保协会：凝聚社会力量，聚焦中小企业融资担保服务

佛山市信用担保行业协会是成立于 2005 年 11 月的非营利性社会团体，是佛山市信用担保机构、金融机构、中介机构、中小企业等自愿参加的中小企业融资综合服务平台，目前有会员单位 64 家。协会按市场经济规律要求，提供维权协调、行业自律、业务培训、信息交流、考察学习、业务合作、信用管理、受托管理等主要服务项目，打造成为相互交流、相互促进、行业自律、共同发展的信用担保服务平台，以提高行业整体信用水平和业务运作能力，降低行业风险，推进佛山市信用担保行业持续健康发展。

（案例来源：佛山市信用担保行业协会）

　　通过对广东科技担保三种主要业务模式分析可以发现，这三种业态与常规融资担保业务的区别主要在于采取了有效方式规避或降低市场风险。政策性担保、补偿性商业担保两种模式均有政府性质的机构参与，能够对担保风险进行有效监管以及为担保服务提供优惠补偿。互助性担保则是依托各中小机构的协同集聚力，由小及大实现规模效应，并依托共同制定的行为准则有效规范成员行为和降低风险。

　　此外，三种业务模式在发展过程中各有利弊，开展补偿性商业担保的担保机构的公司治理结构相对完善，风险防范相对严格，但风险补偿机制不足，银行认可程度偏低，业务开展难度大，并且对小企业提出的反担保要求较高。互助担保模式主要是依托非营利机构形成集聚效应，但是很容易流于形式，在统一管理规范和有效激励经营管理者方面存在很大挑战，且该模式服务于特定的社区和产业，相对封闭，难以扩大服务范围。政策性担保模式虽然能够获得银行的高度认可，但是政府往往干预过多，效率不足，而且担保风险很容易转变为政府风险，增加财政负担。具体如表6-2所示。

表6-2　　　　　　　　三种类型的科技担保运作模式的优缺点

类型	优点	缺点
商业型	1. 公司治理结构相对较完善 2. 防范风险相对严格	1. 风险补偿机制不足 2. 银行认可程度偏低，业务难开展 3. 对小企业提出的反担保要求较高
互助型	形成集聚效应，扩容扩资	1. 对经营管理者的激励不足 2. 相对封闭，服务于特定的社区和产业
政策型	能够获得银行的高度认可	1. 政府往往干预过多，效率不足 2. 担保风险很容易转变为政府风险，增加财政负担

案例：科技中小微企业融资服务案例

　　顺德区政策性投融资平台（简称"顺高投"）是经顺德区政府批复同意，在考察学习国内先进地区企业经验和模式的基础上，借鉴深圳高新投集团的运作经验和模式，建立的国有政策性投融资平台。平台由三家公司组成：广东顺高投融资担保有限公司、广东顺高投创业投资有限公司、广东顺德高新创业投资管理有限公司。公司通过"投+保+贷"的联动组合式融资服务，从传统融资担保及无息使用资金项目中挖掘成长型、科技型企业进行股权投资，为客户提供中长期、低成本、多样化的直接融资渠道。推动及支持企业走向资本市场，做大做强。

佛山市顺德区兴益康金属科技有限公司（简称"兴益康"）成立于2006年，注册资金100万元人民币，是顺德区北滘镇的一家制造业企业。企业的主营业务为门窗模具的生产与销售、门窗的生产与销售。2010年，企业在原生产门窗模具和铝门窗的基础上新增设金属门窗的开发、生产、销售项目。2012年，该企业被评选为顺德区重点扶持的1000家小微企业（"星光企业"），2013年该企业实现主营业务收入3406万元，目前已拥有11项实用新型及外观设计专利。

2014年下半年，受宏观经济下行压力影响，该企业急需一笔流动资金周转，开展新项目并保证新一批订单的生产。同年11月，该企业向广东顺高投融资担保有限公司提出担保申请，在短短三个星期时间，顺高投公司对该企业提供了200万元一年期流动资金贷款担保。顺高投公司免收企业保证金，给予优惠担保费率和银行利率，不但大大降低了企业融资成本，缓解流动资金压力，让其筹备已久的项目得以展开，还让其过去因资金资源紧张而积压下来的订单能够及时消化，提高了企业的资金周转率，推动了企业货物的流转，让企业有更多资金购买原材料，从而扩大企业的经营规模与生产规模。

（案例来源：顺德区政策性投融资平台）

第七章 广东省科技保险

科技保险是科技部与原中国保监会联合推出的一项服务于科技型企业的保险类金融业务，通过构建政府财政支持结合保险公司商业运作的金融服务模式，有效地为科技企业或研发机构在研发、生产、销售、售后以及其他经营管理活动中提供人身伤害保障、物质损失补偿、责任风险转移等风险保障，从而降低和转嫁企业在自主创新过程中的各类风险，激发企业的创新意识。在科技创新成为发展方式转变和发展动力转换重要抓手的背景下，科技保险作为科技金融的重要一环，是发展现代科技的重要支撑力量，在完善科技型中小企业投融资担保体系、调动更多社会资金投入科技创新等方面发挥着不可或缺的作用。

第一节　广东省科技保险发展概况

2007 年，广东省成为全国首批科技保险试点省份之一，先后吸引了中国人民财产保险股份有限公司、中国出口信用保险公司、华泰财产保险股份有限公司等多家公司开展科技保险业务。近年来，广东省科技保险工作快速发展，建立了由政府、银行和保险机构共同参与的风险共担机制，完善了科技型中小企业投融资担保体系，在调动更多社会资金投入科技创新等方面发挥着不可或缺的作用。截至 2017 年，广东省已在广州、深圳、东莞、佛山等城市建立科技保险试点，开发了适用于科技企业的 15 个基础险种，在有经济条件的地区设立了科技保险补贴。2017 年全省科技保险保费收入总额达 4822.7 万元，投保企业 529 家，分别是 2015 年的 2.9 倍和 3.4 倍（见表 7-1）。

表 7 - 1　　　　　　2015～2017 年广东省科技保险保费收入及投保企业数量

项目	2015 年	2016 年	2017 年
保费收入（万元）	1676.4	3270.1	4822.7
投保企业数量（家）	157	351	529

数据来源：广东省保监局。

广东省开展科技保险工作的主要做法如下。

一是明确科技保险的服务对象和服务方式。2013 年 8 月颁布的《广东省人民政府办公厅关于促进科技和金融结合的实施意见》对广东在产品创新、保费补贴、专项奖励、试点范围等方面推进科技保险业务给予政策支持，成为广东省支持科技保险发展的主要文件。2015 年出台的《关于发展科技保险支持科技创新的意见》（以下简称《意见》），将科技保险的服务对象扩大到科技型中小企业，使更多的科技企业能够享受到科技保险的政策红利，同时《意见》还鼓励符合条件的保险公司设立服务于科技企业的科技保险专营机构。

二是推动科技保险产品创新。广东科技保险的产品主要是经监管机构备案确认的科技保险险种，包含企业研发成果、经营环境、员工保障、社会责任四大类（见表 7 - 2）。《广东省人民政府办公厅关于促进科技和金融结合的实施意见》《广东省科技金融支持科技型中小微企业专项行动计划（2013～2015）》均提出推动科技保险产品创新和服务模式创新，鼓励保险机构开发适用于科技企业的科技保险险种，如融资类、自主创新首台（套）产品（设备）类、人员保障类等，提升科技金融保险的适应性和业务广度。

表 7 - 2　　　　　　　　广东省试点科技保险产品

科技保险类别	科技保险产品
研发成果类	产品研发责任保险、产品责任保险、产品质量保证保险
经营环境类	关键研发设备保险、研发营业中断保险、高新技术企业财产保险、项目投资损失保险、专利保险、雇主责任保险
员工保障类	高层管理和核心研发人员团体健康险、高层管理和核心研发人员人身意外团体险、董事会和监事会高层管理人员职业责任保险
社会责任类	出口信用保险、环境污染责任保险、小额贷款保证保险

三是制定科技保险保费补贴办法与专项奖励政策。广东省鼓励各地市出台保费补贴和专项奖励政策，其中广州对高新技术企业的关键研发设备保险、专

利保险、高管人员和关键研发人员团体健康保险、高管人员和关键研发人员团体意外保险、营业中断保险、小额贷款保证保险的保费补贴率是60%，其他险种的保费补贴率是30%；深圳和佛山对所有险种的保费补贴率均为50%；东莞对高新技术企业小额贷款保证保险首年的保费补贴率是60%，以后年度为30%，一般引导类险种首年的保费补贴率是40%，以后年度为20%。

下面重点介绍广州、深圳、东莞、佛山、中山等地市科技保险工作的做法和成效。

一、典型地市科技保险发展现状

（一）广州市

2011年，广州市金融办、市科信局、市财政局联合印发《广州市科技保险试点方案》，提出采取市区联动的方式，通过设立科技保险保费补贴专项资金，鼓励高新技术企业投保，发挥政府的引导和推动作用，提高高新技术企业的保险意识，为企业的技术创新活动分散风险、提供保障，构建科技保险发展新模式。目前，通过公开招投标已确定人保财险、平安财险、大地财险和紫金财险4家保险公司承保科技保险业务，并参考科技部、原中国保监会确定的5大类15种产品，给予一定比例的保险保费补贴。2017年7月广州市发布《2018年广州市科技与金融结合专项资金申报指南》，对科技型企业在科技保险机构购买科技保险基础险种以及经原中国保监会广东监管局备案确认的科技保险险种，按保费支出的30%~60%给予补贴，购保险种类及补贴比例见表7-3，单个企业年度补贴总额不超过30万元。近三年来，广州市科技保险补贴支持额度和企业数量逐年上升，2017年为170家企业发放科技保险补助补贴约1209万元，具体见表7-4。

表7-3 广州市科技保险补贴险种及比例表

序号	科技保险险种类别	补贴比例（％）
1	科技企业关键研发设备保险	60
2	科技企业专利保险	60
3	科技企业营业中断保险	60
4	科技企业高管人员和关键研发人员团体健康和意外保险	60

续表

序号	科技保险险种类别	补贴比例（%）
5	科技企业小额贷款保证保险	60
6	科技企业产品研发责任保险	30
7	科技企业财产保险	30
8	科技企业产品责任保险	30
9	科技企业产品质量保证保险	30
10	科技企业董事会监事会高级管理人员执业责任保险	30
11	科技企业雇主责任保险	30
12	科技企业环境污染责任保险	30
13	科技企业项目投资损失保险	30
14	科技企业特殊人员团体意外伤害保险和重大疾病保险	30
15	其他经过中国保监会广东监管局备案确认的科技保险险种	50

数据来源：《广州市科技保险试点方案》。

表 7 - 4   **2015～2017 年广州市科技保险项目资助情况**

项目	2015 年	2016 年	2017 年
资助项目数量（个）	55	125	170
资助金额（万元）	118.4	807.9	1209

数据来源：广州市科技创新委员会网站公开信息。

（二）深圳市

近年来，深圳市作为全国首批科技保险试点城市，出台了一系列政策措施推动科技保险工作（见表 7 - 5）。一是鼓励科技保险产品创新。目前，深圳市科技保险业务的承保公司已全面放开，承保险种已扩大至关键研发设备险、知识产权质押贷款保险、企业债保险、成果转化险等 14 个，基本覆盖了科技企业日常经营需要的常用险种。二是加强资金支持。2012 年深圳市出台《深圳市科技计划项目管理办法》，将科技保险列入深圳市科技计划项目，明确了科技保险的补贴资金来源。2013 年，出台《深圳市科技研发资金投入方式改革方案》，提出每年从市科技研发资金中安排 1000 万元，对已投保高技术保险的高新技术企业、战略性新兴产业企业、软件企业等予以保费资助。近三年，深圳市每年为高新技术企业提供科技保险保费补贴支持，涉及互联网、生物、新能源、新材料、新一代信息技术等战略性新兴产业和民生科技

领域。2017 年，深圳市支持科技保险项目 6 个，经费总计 102.6 万元（见表
7-6）。三是完善科技保险风险分担机制。深圳市在《关于促进科技和金融
结合的若干措施》中提出，搭建政府、保险机构、企业之间的信息共享畅通
渠道，并支持保险机构、银行、再保险机构和担保机构等共同参与科技保险
新产品风险管理工作。

表 7-5 　　　　　　　　　　深圳市科技保险相关政策

发布时间	政策名称	主要内容
2012 年	《深圳市科技计划项目管理办法》	《深圳市科技计划项目管理办法》
2012 年	《关于促进科技和金融结合的若干措施》	对科技保险服务从支持科技保险试点、创新科技保险产品、完善科技保险风险分担机制三方面提出了具体的政策支持
2013 年	《深圳市科技研发资金投入方式改革方案》	《深圳市科技研发资金投入方式改革方案》
2015 年	《关于加快发展现代保险服务业创新发展的实施意见》	强调要推动保险业服务科技创新，促进经济提质增效

表 7-6 　　　　　　　　2015～2017 年深圳市科技保险项目资助情况

项目	2015 年	2016 年	2017 年
资助项目数量（个）	5	3	6
资助金额（万元）	99.6	44.6	102.6
企业投保险种	中信保信用保险、产品研发责任保险、关键研发设备保险	天马财产险、机器损坏险及营业中断险、关键研发设备保险	产品责任保险、天马财产险、机器损坏险及营业中断险、出口信用保险

数据来源：深圳市科技创新委员会网站公开信息。

（三）东莞市

2013 年东莞市正式启动科技保险试点，多措并举大力推动科技保险的发
展。一是鼓励先行先试。将科技企业较为集中的松山湖科技产业园区设为科
技保险试点重点地区，充分发挥松山湖金融改革创新服务区的先行集聚优势，
支持保险公司在松山湖科技产业园区设立科技保险的专营服务机构。此外，
松山湖管委会和市政府按照 1:1 的比例为企业提供科技保险保费补贴。二是
建立"政府+保险+银行"共担机制。为落实《东莞市促进科技金融发展实

施办法》提出的创新建立由政府、银行和科技保险承保机构共同参与、市场化运作的科技贷款履约保证保险的风险共担机制,在东莞市政府引导与支持下,保险业与东莞银行合作,以中小企业贷款保证险为突破,建立风险补偿金制度,全方位化解科技企业所面临的风险。三是创新科技保险产品。《东莞市人民政府办公室关于加快发展生产性服务业全面推进产业转型升级的实施意见》提出扩大科技保险试点范围,重点推广首台(套)重大技术装备险、中小微企业贷款保证险等金融创新产品,推动科技企业的发展。目前,共有 6 家保险机构(人保、平保、太平洋、人寿、华安、中华联合)和 4 家银行机构(建设银行、中国银行、东莞银行、华夏银行)入围开展工作,确定了高企小额贷款保证保险、关键研发设备保险和产品质量保证保险等两大类 13 个险种(见表 7 – 7),充分满足企业刚性需求。

表 7 – 7　　　　　　　　东莞市科技保险险种

重点引导类险种	高新技术企业小额贷款保证险
一般引导类险种	高新技术企业财产险、关键研发设备险、营业中断险(A 款—研发中断险)、产品责任险、雇主责任险、产品研发责任险、环境污染责任险、董事会监事会高级管理人员职业责任险、质量保证险、高管人员和关键研发人员团队健康险和意外险、特殊人员团体意外伤害险和重大疾病险、项目投资损失险

　　2017 年东莞市共推动 94 家企业参与投保,保费共计 828.57 万元,保额达 164.6 亿元,发放保费补贴共计 274.35 万元,在投保企业数量和发放保费补贴方面都比 2015 年翻了一番。具体如表 7 – 8 所示。

表 7 – 8　　　　　　2015 ~ 2017 年东莞市科技保险项目资助情况

年份	资助企业数量(家)	企业保费总额(万元)	保费补贴(万元)	投保险种
2017	94	828.57	274.35	高新技术企业产品责任保险/企业财产险/企业中断险/企业出口信用保险/雇主责任险/环境污染责任保险/小额贷款保证险/企业关键研发设备保险/企业团体人身意外险
2016	41	389.82	100.69	
2015	41	411.68	119.03	

　　数据来源:东莞市科学技术局网站公开信息。

(四)佛山市

　　佛山市自 2014 年启动科技保险试点,出台了《佛山市人民政府办公室关于促进金融科技产业融合发展的实施意见》指导性文件,提出加强科技保险试点工作,积极推广南海区知识产权质押融资、禅城区专利保险、三水区"保险贷"试点工作,在科技企业融资方面鼓励保险机构开发小额贷款保证险等险种,在支持科技企业科技创新方面鼓励保险机构开发科技企业关键研发设备险、产品研发责任险、成果转化险等险种。2015年,佛山市通过《佛山市科技保险试点方案》,规定每个科技企业每年申请的补贴比例不超过 50%,各险种总补贴金额累计不超过 20 万元,市级财政对试点全区每年的补助金额比不超过全区当年保费补贴总额的50%,对试点区补助总金额不超过 100 万元。为了进一步支持科技保险的发展,基于"政府购买"模式,佛山禅城区提出由政府全额出资对新增的发明专利一次性投保专利执行保险,保障企业的发明专利被侵权时的调查与法律费用,为科技企业维护自身专利权提供支持,从而鼓励科技企业创新。在科技保险财政经费补贴支持方面,佛山市级政府连续多年每年安排 500 万元科技保险补贴。在县级政府层面,佛山作为全国唯一的县级专利保险示范基地,2011~2016 年累计为 2408 单投保专利保险提供补贴支持。

(五) 其他地市

目前,除了广州、深圳、东莞、深圳四个试点城市以外,中山、珠海、江门、肇庆及粤东西北一些地市也对科技保险业务进行了有效的探索,并出台了相应政策和措施推动当地科技保险工作的发展。

中山市的专利保险试点成效显著。2014 年,中山市出台的《中山市关于促进科技和金融结合的工作方案》,提出要推动科技保险产品创新,支持古镇、火炬开发区开展"专利保险试点"工作,并鼓励有条件的专业镇设立科技保险补贴。2015 年,《中山市人民政府办公室关于推动产业化和城镇化互相融合的意见》提出建立科技保险保费补贴制度。通过设立科技保险补贴专项基金,对高新技术企业投保专利执行险、自主创新首台(套)产品推广应用险、关键研发设备险、营业中断险和融资险等给予保费支持,为科技型企业降低风险损失、实现稳健经营提供保障。为进一步推动科技和金融保险的有效结合,中山市采用"科技保险专营机构"的方式,支持人保财险中山分公司在中山创新谷成立全省首家科技保险服务中心,专门为高新技术企业和装备制造创新型企业提供保险保障和融资支持。此外,中山市还通过运用科技保险来引导中小微科技企业进行融资，成功发放贷款超过 5000 万元。2017年，中山在专利质押融资业务中，引入"政府＋保险＋银行＋评估公司"的风险共担"政银保"融资模式，由中央、市级财政共出资 4000 万元建立风险补偿资金池，开启了保险助力贷款的新模式，实现了更加科学、合理的专利价值评估，贷款便利，融资成本低，为探索解决科技型中小企业融资难、融资贵问题提供新模式。

珠海市在 2015 年出台了《珠海市人民政府关于加快发展现代保险服务业的实施意见》，提出在科技企业融资方面鼓励保险机构开发小额贷款保证险等险种，在科技企业科技创新方面鼓励保险机构开发科技企业关键研发设备险、产品研发责任险、成果转化险、人员保障险等险种。2016 年，珠海市在高新区建立科技保险试点，出台了《珠海高新区科技保险费补贴实施办法（试行）》，提出科技保险费补贴资金采取先缴后补、分类补贴和总额限制方式，补贴险种有 6 种，补贴比不超过 30%，每个企业补贴总额不超过 15 万元。

江门市在高新区设立了专门的科技金融服务机构，建立起一套完整的政府补助、保险保障、银行贷款相结合的融资模式，充分发挥科技保险的保障作用，为中小科技企业的发展保驾护航。

肇庆市在自身的发展过程中，选取试点，结合自身的实际情况建立科技金融服务组织体系，更好地引导科技企业发展，减少资金匮乏、风险较大的阻碍，为科技企业发展提供全程支持。

粤东西北地区也开始重视科技保险工作。汕头市出台《汕头市推进企业研发机构建设实施意见》，提出为支持科技企业研发机构建设，鼓励保险机构开展高新技术企业关键研发设备险、产品责任险、关键研发人员责任险等科技保险业务。梅州市在《促进梅州振兴发展 2015 年重点工作任务》中提出要支持在高新区、产业园区、专业镇等地区设立科技保险金融服务机构，为科技企业服务。

二、小结

现将广州、深圳、东莞和佛山等科技保险试点地市在科技保险险种、承保机构、保费补贴政策以及 2017 年保费补贴情况总结如表 7-9 所示。

表7-9 广东省科技保险试点地市情况对比

地市	广州	深圳	东莞	佛山
试点险种数量（种）	15	14	13	14
承保机构数量（种）	4	全面放开	6	3
保费补贴比例（%）	30~60	50	首年：40~60 第二年起：20~30	50
保费补贴限额（万元）	30	50	20	20
每年补贴财政预算（万元）	不详	1000	不详	500
2017年发放补贴（万元）	1209	102.6	274.35	—

数据来源：有关地市科技部门网站公开信息。

第二节　广东省科技保险运行主体分析

科技保险是推进创新驱动发展战略的重要举措，作为科技风险管理中最为有效的市场化机制，科技保险与科技创新活动具有内在的契合性和互补性，需要在政府、保险公司和企业三方共同努力下实现快速发展。广东省自2007年开展科技保险首批试点，至今已走过了十年的发展历程，虽然取得了一定成效，但总体上依然是需求低迷与供给不足并存，科技保险在企业风险管理中未能充分发挥其应有的作用。下面从政府、保险公司和企业三个运行主体进行分析并总结存在的问题。

一、保险公司供给分析

目前在广东省开展科技保险业务的保险公司有人保财险、平安财险、大地财险、紫金财险、太平洋、人寿、华安和中华联合保险公司等。作为科技保险的供给方，其最终目的是实现经营利益最大化，而保险公司需要预估各险种的获利情况以及开发科技保险产品的成本来决定其供给程度。为适应科技保险特点，保险公司在科技保险开展中努力开发新产品，寻求适合自身发展的运行模式，为高新技术企业在技术创新活动中面临的科技风险提供多角度全方位的综合保障。然而在实际运作过程中仍然存在着供给乏力的问题，主要体现在以下两个方面。

（一）科技保险产品有待进一步完善

目前市场上的科技保险产品还不能有效满足高新技术企业的需要。一是缺乏创新型科技保险产品。目前广东省已有的科技保险险种较少，主要是科技部公布的 15 个试点险种，而且大部分险种都是在传统企业保险的基础上作简单的变化和改进，并未与高新技术企业实际需求形成高度匹配，因此，远远不能满足高新技术企业对科技风险保障的多样化需求，导致科技保险的潜在需求未能顺利转化为现实产品，没有做到真正意义上的分散转移科技风险。据调查，科技企业对选题立项和研发阶段的险种需求最高，但市场上尤其缺乏这类保险产品。二是科技保险产品定价偏高。由于信息不对称，保险公司对高新技术企业相关风险数据的积累较少，致使保险公司在承保、理赔以及新险种费率厘定等不同环节上都缺少数据支撑，保险公司对科技保险产品的定价就没有一个科学的、严谨的机制。这种信息不对称使得科技保险产品的定价风险相对较高，而过高的费率会降低企业投保意愿或者引起逆向选择效应。

（二）保险公司缺乏动力

从科技保险的本质来看，技术创新活动各个阶段都具有较高不确定性，会导致科技风险损失发生的几率非常大。然而目前几乎所有的保险公司都是按照大数法则这个理论来经营保险业务的，即只有在吸收大量的科技型企业参保的条件下，大数法则才能发挥有效的作用。科技保险属于新生事物，参保企业显然不会很多，又缺乏统计数据，也没有科技风险的承保经验，更没有成熟的风险评估体系，不能准确测定风险损失发生的概率分布，导致保费的计算问题和发生损失后理赔问题难以把握，因此，保险公司承担了较高风险，但是收益却极不稳定，这使得它们缺乏动力。从保险公司的发展来看，保险公司在产品创新、客户服务和风险管理方面相对不足，并面临人才紧缺的挑战。作为需要高端细分的科技保险市场，由于试点公司在很大程度上是为了响应政策要求和履行社会责任，因此，缺乏足够动力去研究科技保险市场需求、开发科技保险新产品以及改善客户服务，更谈不上建立差异化和动态化的科技保险竞争策略。如新产品开发往往是在缺乏充分调研基础上的"闭门造车"或简单改造，难以契合市场需求。此外，政府的监管也给保险公司创新带来了限制。例如，在针对中国人保广东分公司的调查中发现，保险机构提供的科技保险产品种类受制于中国银保监会下发的文件，只有文件中列明的险种才能够获得保费补贴。由于文件的滞后性，这种行政管制无疑影响了市场效率和保险公司产品创新的积极性。

（三）专业性人才匮乏

与传统的保险不一样，科技保险的对象——科技创新活动风险性高、专业性强，因此，需要同时具备保险和科技创新两个领域专业知识的复合型人才，然而虽然当前保险行业从业人员数量众多，但水平参差不齐，部分人员仍然采用以往的推销手段开展业务，难以有效支撑科技保险工作的开展。

二、科技型企业需求分析

科技型企业作为科技保险的需求方，对于科技保险的诉求直接影响科技保险的发展趋势。2017 年，广东省高新技术企业数量达 33356 家，位居全国首位，为广东科技保险发展奠定了良好的市场基础。科技型企业依靠科技创新谋求自身发展，而科技创新活动的核心特征是高风险性，加上科技创新活动涉及领域众多，风险来源也十分广泛。从宏观上看，科技企业涉及电子信息、生物医药、新材料、新能源和节能环保等多个行业，不同行业具有显著不同的风险特征。从微观上看，科技企业整个运营过程面临多种风险。例如，在选题立项和研发实施阶段，存在资金短缺、开发失败、研发人才流失等风险；在产品生产和市场推广阶段，面临成果转化失败、产品替代、知识产权侵权等风险；在销售服务阶段，新产品投放市场的前期，企业可能需要在建立新的生产线、进行员工培训、产品推销等方面投入巨大资金，由于产品市场前景的不确定，企业面临着巨大的风险。除此以外，战略决策失误、宏观政策变化、利率及汇率变化都会不同程度威胁到企业经营状况。科技保险可以解除科技型企业后顾之忧，将避免一些研究机构、科技企业陷入困境甚至破产，可为科技型企业发展撑起"安全伞"。然而，在广东省科技保险工作的实际运作中，科技型企业的需求还没有得到充分满足，主要表现在科技保险投保率低、投保险种高度集中等。

（一）科技保险投保率低

自广东省开展科技保险以来，虽然许多科技型企业参与投保，但是覆盖率仍然偏低。2017 年广东省累计投保企业 529 家，在全省高新技术企业总量占比不到 2%。造成这种现象的原因，一方面是政府的宣传推广力度不够，科技企业对科技保险认识不到位，对科技保险产品了解较少，不会轻易投保；另一方面是因为中小科技企业抵御风险的能力不强，而且资金量有限，对每笔资金的使用格外谨慎，同时缺乏相关的风险管理知识，从而对科技资源与保险资源的有效融合缺少关注。

（二）投保险种高度集中

广东省科技保险投保险种存在高度集中现象。根据政府公布的保费补贴数据，广州 86.7% 的投保险种集中在高管、关键人员健康与意外伤害险以及企业财产保险等方面；深圳市投保险种以产品责任保险居多；东莞的传统企业财产保险占投保险种总数的 2/3 以上；中山的财产险和雇主责任险占企业投保的 80%（具体见表 7 - 10）。可见企业投保的险种主要集中在企业财产险、企业高管、团体人身意外险和产品责任保险等传统保险，而最能体现科技企业风险特征的研发责任险、专利保险等险种投保率较低。鉴于科技风险的综合性和复杂性，科技企业需要提供具有多样性的险种保障。总体而言，投保险种的高度集中是供需失衡的表现，一方面由于保险公司的产品供给不充分，没有做到从科技创新的各个方面为企业提供风险保障；另一方面也反映出科技型企业对科技保险的不重视，风险管理意识不强，甚至有些企业投保科技保险是以享受保费补贴为目的，而非完全出于企业自身风险管控的考虑。

表 7 - 10　　　　近年来广东省主要试点城市科技保险补贴险种　　　　单位：种

险种	广州 2014 年	深圳 （2016~2017 年）	东莞 （2016~2017 年）
产品责任保险	3	4	12
企业财产险/企业中断险	17	2	55
企业高管、团体人身意外险	22	—	4
出口信用保险/雇主责任险/环境污染责任保险/小额贷款保证险	2	2	11
企业研发责任险/关键研发设备险	1	2	2
未注明险种	—	4	—

数据来源：广州、深圳、东莞科技主管部门公开信息。

三、政府保障分析

科技保险属于"准公共产品"，具有政策性特征，因此，在整个运行体系中，政府作为公众利益的代表，对科技的发展有重要指导支撑作用。尤其是在科技保险发展初级阶段，需要政府部门运用法律手段、行政举措、财税政策等构建完整的运行体系，为科技保险长远发展打下坚实基础。而作为供给方的保险公司，其商业性质决定了要以营利为目的，科技创新风险具有弱可保性特征，因此，供给方定价时通常会预留过高的风险边际以确保公司的盈利，导致科技保险产品价格过高，科技企业难以承受，需政府进行风险补偿和指导。因此，政府在科技保险的实际运行中应当积极发挥作用，加强对科技保险的政策支持和补贴力度，不断改进科技保险体系建设工作。

科技保险试点以来，政府在全国范围内实行了科技保险保费按150%进行税前扣除的优惠政策，广东省分地市分别出台了相应的政策支持科技保险发展。其中，广州对高新技术企业投保关键研发设备保险、高管人员和关键研发人员团体健康保险、高管人员和关键研发人员团体意外保险给予60%的保费补贴比例，投保其他保险产品的享受30%保费补贴；深圳和佛山对所有险种的保费补贴率都是50%；东莞按照年度确定补贴比例，科技企业小额贷款保证保险的首年保费补贴率是60%，此后降低为30%，一般引导型险种的首年保费补贴率是40%，此后降低为20%。近三年来，广州、深圳和东莞等试点城市较好地落实了科技保险保费补贴政策。其中广州市每年的科技保险补贴发放总额最大，支持企业数量最多，2017年为170家企业发放保费补贴1209万元，平均每家企业发放保费补贴7.1万元；深圳市每年发放保费补贴总额和支持企业数量在三个地市中最少，但是平均每家企业发放保费补贴额度最高，2017年为17.1万元；东莞市平均每家企业发放保费补贴额度最低，2017年为2.9万元（具体见图7-1）。尽管先行的财政政策对科技保险工作的开展起到了一定的促进作用，但总体上激励效果还有待加强。

（一）财政支持政策重需求方、轻供给方

现行的科技保险政策有一个突出的特点：无论是税收优惠还是保费补贴，都以支持科技型企业为代表的需求方为主，尚未覆盖保险公司以及其他金融机构等不同主体的利益诉求，与保险公司具体经营活动的衔接性和互相协作

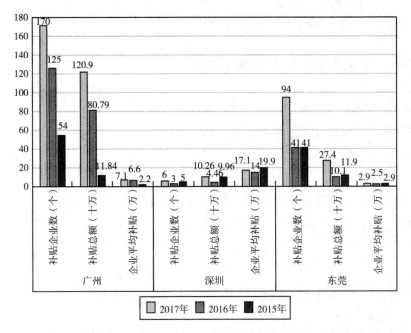

图7－1　2015～2017年广州、深圳和东莞科技保险补贴发放情况

数据来源：广州、深圳、东莞科技主管部门公开信息。

性有待提高，而且缺乏激励约束机制，不利于财政资金的有效配置。财政支持若要充分发挥作用，必须做到供需并重，当前这样偏重需求方的政策导向不利于提高保险公司的参与性。

（二）财政扶持力度有待提高

广东省科技保险补贴政策覆盖率较低，平均补贴力度有限，主要是因为部分试点地区对补贴优惠设置了过高的条件，缺乏机动灵活，许多本身有投保意向的科技型企业难以享受优惠政策，另外，还有一些地区对企业的补贴率和补贴额明显偏低，对企业的支持力度太小，影响了企业的积极性。此外，现行的财政支持政策同质化严重，未能体现不同行业、不同地区甚至不同规模企业之间科技保险需求的差异性，也影响了财政激励效果。

第三节　广东省科技保险经验总结

广东省科技保险试点工作运行至今，取得了一定的进展和成效。通过对以上几个重点地市科技保险工作进行比较和分析，总结经验如下。

一、科技保险应采取政府主导下的商业化运作模式

企业在创新活动中要面临创新失败风险、财产损失风险、责任风险和人身风险等，然而市场化的风险管理工具（天使投资、风险投资等）无法应对所有的非系统性风险，尤其是对于"市场失灵性风险"，必须要借助政府的力量补齐创新链条非市场化风险管理短板。因此，科技保险本身就具有"准公共产品"属性，不能采取传统保险种类的商业化运营模式。从广东省几个试点城市的经验可以看出，科技保险的发展需要以政府为主导，采取商业化的运作模式。

二、政府的政策支持对科技保险发展至关重要

纵观广东省科技保险的发展历程，每个时期的发展都离不开政府的政策支持和引领。2008~2012年，广东省政府提出大力发展科技保险，同时深化在广州、东莞、佛山等城市的科技保险试点，鼓励保险机构开发科技企业适用的科技保险险种；2013~2014年，提出推动科技保险产品创新和创新科技保险服务模式，鼓励有经济条件的地区设立科技保险补贴；2015年确定了科技保险的15个基础险种，支持保险公司在此基础上开发新的险种；2016~2018年，提出推动珠三角专利保险的工作进展，针对企业融资问题，确定要扩大小额贷款保证保险试点范围，以满足企业的融资需要。在各项政策的引导下，广东省许多试点城市都加大了财税支持力度，出台了保费补贴政策，设立了科技保险基金，制定了税收优惠措施等等，有效地推动了广东省科技保险的发展。

三、企业的创新投入影响着科技保险市场发展

广东省科技保险的服务对象主要是科技企业或研发机构，对高新技术企业、科技型企业在研发、量产、销售、售后等过程中所遇到的科技风险进行赔偿，从而最大限度降低高新技术企业损失。因此，企业的创新能力和投入对科技保险的普及有重要影响。例如在深圳、广州等科技企业发展较快的城

市，企业愿意投入较大的人力和财力进行创新研发建设，而在粤东西北一些科技企业发展较为缓慢的城市，创新方面的投入力度就比较有限，对科技保险的购买需求也相应减弱，因此，广东省科技保险发展存在区域不平衡的问题，需要因地制宜，提出合理的改善措施，促进区域均衡发展。

四、科技保险产品要做到"量体裁衣"和涵盖范围全面

中国银保监会与科技部先后两次颁布了 15 项险种，分为高新技术企业研发成果类、高新技术企业经营环境类、高新技术企业员工保障类和高新技术企业社会责任类四种业务类型。目前广东省已经全面覆盖这些险种，但是，科技活动不仅具有高投入、高风险的共性，还具有高差异化的特点，因此，需要保险公司为高新技术企业"量体裁衣"，掌握科技保险的出险规律，开发出满足科技型中小企业发展需要和创新行业需要的，具有实际可操作性、科学合理的科技保险品种，同时构造完整的科技保险数据体系，不断拓展科技保险的可保范围。保险公司可以在发挥自身特长的基础上多元化发展，借助科技金融的辅助作用，为科技型企业科研资金链提供贷款保证和融资中介服务，为其科技研发活动提供雄厚资金实力，保证自身风险控制在合理范围的前提下将科技保险的业务范围从传统的风险保障拓展到融资信贷等大金融领域。

五、通过加大宣传力度提高企业参与热情

政府部门应加大科技保险宣传力度，鼓励保险公司共同做好科技保险政策的宣传工作，扩大社会影响，树立舆论导向；同时，要提高企业的风险意识，从被动接受风险到主动分散风险，在市场上寻找到适合的保险产品来有效分散技术创新过程的一系列风险，提高风险管理效率，降低风险管理成本。此外，要正确认识科技保险的定位，将其当作一种政府与保险共担风险和收益的更深层次的合作方式，建立及时的反馈机制。科技型企业应当立足于实际情况，及时总结自身投入创新科技过程中可能面对的风险和规避的需要，对公司投保的科技保险产品提出意见，并将信息反馈给保险公司。这样将有利于促进需求和供给的有效结合，给高新技术企业分散风险提供更为准确而有力的支持。

案例 1　知识产权质押保险产品——中山模式

为深入实施创新驱动发展和国家知识产权战略，推动金融、科技与产业的有效创新综合，人保财险积极探索和开发知识产权质押保险产品，创新性地引入"政银保"模式，率先在广东省中山市实现业务的落地，形成具有复制和推广价值的专利质押保险"中山模式"。该模式是对知识产权价值有效运用的一次创新尝试，拓宽了中小微科技企业融资渠道，开启了专利质押融资与知识产权保险相互促进、融合发展的新模式，使知识产权保险迈向了由对知识产权的保障向促进知识产权运用的新阶段。有效解决中小企业融资问题。

"中山模式"由知识产权局、保险、银行、知识产权评估公司和中盈产业有限责任公司五方合作开展，按照"政府引导、风险共担、市场化运作"的原则开展，由中央、市级财政共出资 4000 万元建立风险补偿资金池。当贷款发生损失时，政府、银行、保险和评估公司按照 54：26：16：4 的比例共担损失。该项目服务对象为高新技术企业、高新技术后备企业、中山孵化器内在孵企业、符合中山市产业政策和发展方向，满足政府规定的贷款条件的其他企业。

该项目是在专利质押融资中创新性地引入以"政银保"为主要模式的专利质押融资保证保险，可以通过转嫁放贷银行贷款风险，为科技企业进行信用增级，提高企业贷款成功几率。专利质押融资保证保险的作用在于以保险公司更强的财务实力和信用评级作为企业贷款的担保，提高企业贷款成功率，通过与政府和银行的多方合作，能够切实解决中小企业"融资难"的问题。由于专利质押融资保证保险采用"政银保"的模式，政府部门通过财政投入风险基金，会给予企业全部或部分比例的保费补贴和贷款贴息，能够有效解决中小企业"融资贵"的问题。"三亮点"开创中山融资新模式。

该项目在实务操作中有三个亮点。一是在专利评估方面，采取价值评估与资格评估相结合的方式，更加科学、合理的评估专利价值。二是在贷款手续方面，企业只需按照清单列表提交相关资料，原则上合作各方在 15 个工作日内完成各自审核并发放贷款，真正做到手续简单、操作便捷。三是在优惠政策方面，企业贷款额度达 300 万元，通过政府补贴，首年综合贷款年化成本仅 4.48%，为所有融资渠道和地区中最低，切实解决中小微科技企业融资难、融资贵的问题。

"中山模式"得到了国家知识产权局的充分肯定,并在《国家知识产权局办公室关于引入专利质押融资保证保险完善专利质押融资风险补偿机制的通知》文件中以"中山模式"为范本进行了介绍推广,为辽宁、山东、四川、广东等专利质押风险补偿基金试点省份提供了借鉴经验。

2016 年 12 月,人保财险中山分公司成功签出科技企业知识产权质押贷款保证保险首单,为科捷龙机器有限公司提供了 300 万元的专利质押贷款,开创了中山融资的全新模式。该项目自运转以来已为 34 家企业提供 8850 万元贷款,质押专利 659 件。

（案例来源：网络资料）

案例 2 中山市科技保险服务中心

中山市科技保险服务中心成立于 2016 年,是中国人民财产保险股份有限公司中山市分公司在中山市火炬区创新谷数贸大厦设立的全省首家科技保险专管专营机构。作为广东省第一家科技保险服务机构,中山市科技保险服务中心立足开发区,辐射全市,致力于向高新技术企业和装备制造创新型企业提供保险保障和融资支持服务。科技服务中心现有服务人员 9 名,均为本科及以上学历,硕士以上学历人员占比 30%,通过设立的承保、理赔、项目申报三个项目组,以客户需求为出发点,为每个客户量身打造综合保险方案。重点发展产品保障类、科技类企业贷款类等企业需求度较高的险种,并在此基础上积极创新服务产品,开发了首台（套）重大技术装备保险、专利保险等为科技创新型企业服务的政策性险种,建立了完善的科技企业服务体系。

（1）在落实科技保险政策方面。中山市科技保险服务中心积极落实科技保险补贴政策,截至 2017 年,服务中心累计参保企业共 180 家次,保费1574.07 万元,保险金额 234.38 亿元,惠及企业高管和关键研发人员 3339人,所服务企业预计可获得科技保险补贴 780 万元。

（2）在知识产权质押融资服务方面。中山市科技保险服务中心所承接贷款保证保险不但为融资客户提供了增信手段,还在"中山模式"设立的风险补偿机制中发挥了关键作用,包括：推荐与人保合作的中小微科技企业作为融资客户；通过客户历年及未来的出险情况给予合作银行风险提示；当出现逾期损失后,人保财险先行赔付损失金额的 74% 给合作银行,同时人保也为政府资金池部分兜底,若政府资金池额度不足偿付贷款损失时,贷款剩余损失由人保承担 80%,银行承担 20%,并通过与银行不同的方式追收贷款损失等，由此提升了知识产权质押融资业务的效率及银行信贷资金的保障。目前中山市知识产权质押融资业务现有合作银行为光大银行、建设银行。截至2017 年，累计向小微科技企业发放知识产权质押融资信贷资金 8550 万元，放款笔数超 40 笔，专利质押件数超 643 件，企业贷款逾期率为 0，不良率为 0，赔付率为 0。

（3）在首台套重大装备保险服务方面。中山市科技保险服务中心以首台套政策为突破口，向企业宣传及推动中山重大技术装备的研发与应用，在中山市经信局支持与配合下，共承保了明阳集团、新优威等多家企业的重大装备，三年来累计保费 3186.66 万元，共获得国家重大装备保费补贴 1619.32 万元。在保障首台套设备期间，共受理赔案超 20 件，预计总赔付 1100 万元以上。

此外，在贯彻落实政府的各类科技创新政策的同时，中山市科技保险服务中心时刻不忘为企业保驾护航的重大使命，为企业提供科技保险服务。2017 年度受天鸽台风的影响，服务中心承保的高科技企业，在该次灾害中共收到 19 个理赔案件，面对台风造成的损失，为了确保企业能及时恢复生产，服务中心立即启动大灾理赔机制，对损失金额 5 万元以下的，简化理赔程序，三天内赔付；对于重大案件，启动大案处理机制，赔付了中山市罗顿智能科技有限公司 153 万元，赔付江龙船艇科技股份有限公司 648 万元，因灾害事故总赔付 963 万元，总赔付率 134%。

（案例来源：中山市科技保险服务中心）

第八章 区域科技金融发展探索与实践

第一节 广州:打造覆盖企业全生命 周期的科技金融服务体系

近年来,广州不断完善科技金融政策体系,搭建科技金融平台载体,营造良好的环境氛围,推动科技金融各项工作向纵深发展,在科技金融服务体系建设、科技信贷等方面形成了亮点,取得了良好成效。

亮点一:打造科技金融服务平台,完善科技金融服务体系

2015 年 6 月,在广东省科技厅和广州市科技创新委的指导和支持下,由广州市科技开发总公司出资成立了全国资企业——广州市科技金融综合服务中心,旨在建设一站式科技金融服务平台,为广州市科技型中小企业提供全链条科技金融服务。

广州市科技金融综合服务中心通过实施科技企业成长路线图计划,以广州市科技创新企业数据库为基础,打造科技投资引导平台、科技信贷融资平台、科技企业上市服务平台,建立了覆盖科技企业种子期、初创期、成长期、成熟期全生命周期的科技金融服务体系,极大地活跃了广州市科技创新创业创投融资氛围。2017 年,广州市科技金融综合服务中心联动各区科技主管部门、科技金融分中心、金融机构辅导对接企业超过 10000 家,共组织各类活动 136 场,其中组织政策宣讲会 38 场,投融资对接活动 46 场,挂牌上市活动 26 场,投贷直通车 21 场,科技金融论坛 5 场,走访服务企业超过 500 家。

不仅如此,广州市科技金融综合服务中心还充分利用科技金融资源及品牌影响力,通过市区联动,在海珠、越秀、荔湾、番禺、天河、南沙、白云、开发区建设科技金融分中心（见表 8 - 1），发挥基层分中心作用，开展科技金融服务工作，科技金融服务网络逐步成型。

表 8 - 1　　　　　　　　广州市部分科技金融分中心情况

开发区分中心
2017 年，开发区分中心组织 25 场活动，包括培训、路演、沙龙、信贷、论坛等，其中，路演超过 10 场，信贷对接超过 10 场，服务超过 3000 多家企业，近 100 多个创业项目参加路演。
荔湾分中心
2017 年，荔湾分中心共举办了 30 余场活动，参加企业超过 1000 家；帮助 40 多家企业进行投融资对接，获得银行授信 2.3 亿元；服务和培育高新技术企业 40 多家，建立 536 家企业数据库；服务和培育新三板挂牌企业 40 多家，促成 32 家科技企业在新三板、广州股权交易中心等资本市场实现挂牌上市，其中 5 家挂牌新三板。
南沙分中心
2017 年，南沙分中心对区内企业开展上市融资、科技信贷、创业孵化等服务，并通过市区联动的方式设立了首期 3000 万元的南沙区科技信贷风险补偿资金池，引入中国银行、建设银行、平安银行合作银行开展信贷工作；建成慧金科技金服众创空间，共同培育包括大学生在内的各类青年创新人才和创新团队。

资料来源：广州市科技金融综合服务中心。

广州市科技金融综合服务中心将继续构建一个涵盖"线下"与"线上"的平台服务体系。"线下"平台以实体平台为着力点，总结广州市科技金融综合服务中心模式，复制推广至全市各区一级服务中心，并以区为节点将网络延伸至园区、产业协会；协调推进海珠区、天河区及开发区的风投大厦，荔湾区新三板大厦、创投小镇、基金小镇、各大银行科技金融支行的建设。"线上"平台以数据平台为着力点，以科技型中小企业信贷风险补偿资金池企业库为基础，逐步充实完善全市科创企业数据资源，在企业主动披露融资信息与需求的基础上，由其自主选择数据平台上的金融机构与投资者，使"金融供需"信息实现开放共享、高效对接。

亮点二：大力开展科技信贷，解决科技型企业融资难问题

2015 年，广州市科技创新委员会和广州市财政局联合印发《广州市科技型中小企业信贷风险补偿资金池管理办法》，由市财政出资 4 亿元设立全国规模最大的广州市科技型中小企业信贷风险补偿资金池，推动银行加大对科技型中小企业的贷款支持，对银行为科技型中小企业提供贷款所产生的本金损失，由科技信贷风险补偿资金池承担 50%。

目前，中国银行广东省分行、建设银行广东省分行、兴业银行广州分行、广州银行、平安银行广州分行、中信银行广州分行、交通银行广东省分行、招商银行广州分行共8家合作银行开展科技信贷业务，积极推动中国银行、建设银行、浦发银行等银行机构设立科技支行（见表8-2）。中国银行还探索形成了"8个单独"（即单独的客户准入、单独的产品开发、单独的审批流程、单独的系统设计、单独的人员配置、单独的服务价格优惠、单独的贷款规模支持、单独的业务受理渠道）的科技信贷创新机制。

表8-2   银行机构设立科技支行情况

中国银行：设立科技支行，主打科技型中小企业服务

2012年8月，中国银行广州番禺支行在广东省分行、广东省科技厅和广州市科技主管部门的支持下，在番禺天安节能科技园设立广东省第一家科技支行——番禺天安科技支行。天安科技支行主打科技型中小企业的综合服务和授信，创新开展科技信贷政银风险分担业务；全面开展中小企业专利、著作权、商标等无形资产质押贷款；创新开发"科技计划立项贷"产品。

经过五年发展，天安科技支行支持的科技企业成长快、发展好，赢得了资本市场的青睐，其中4家被上市公司收购，收购款合计33亿元，17家登陆新三板，募资资金合计4.8亿元，带动天安科技支行综合收益健康成长，科技金融创新取得较好成效。

建设银行：设立科技金融创新中心，先行先试专业化经营

2016年6月16日，在建设银行总行的大力支持和直接领导下，建设银行广东省分行挂牌成立了科技金融创新中心。中心履行科技金融先行先试专业化经营机构的各项职责，打造科技金融业务营销管理平台，支持粤港澳大湾区建设和发展，在全省7个地市开展普惠性科技金融试点工作，系统推进科技金融沙龙平台、FIT粤科技金融联盟生态圈建设。

科技金融创新中心紧跟各级政府最新政策导向，以"FIT粤"科技金融专属产品、小微企业"三大快贷"系列产品、科技助保贷等重要产品为切入口服务大批小微科技企业，获得各级政府高度认同，为全行科技金融业务的进一步推广、应用和发展奠定基础，以科技金融为抓手落实行内金融供给侧改革。

浦发银行：成立科技金融中心，为科技型企业提供优质金融服务

2016年9月，为更好地服务广东省科技型中小企业，浦发银行广州分行正式成立科技金融中心，内设专业企划、营销及授信审批团队，统筹规划全行科技金融业务的服务体系及平台建设，实行差异化的资源配置及专项考核政策，有效提高科技企业的审批效率及提升科技金融审批专业度，并通过同城支行集约化经营、区域支行专业化经营、二级分行属地化经营的创新经营模式，依托浦发的专业服务力量，为广东省内科技企业提供更优质、高效的金融服务。

成立一年半时间以来，浦发银行科技金融中心已为全市超过400家科技型中小企业提供融资服务，授信金额超过50亿元，为市内逾40%的新三板企业提供授信支持，有效促进了中小企业的健康发展。

资料来源：广州市科技创新委员会。

同时，各银行在科技信贷风险补偿资金池的基础上，进一步创新科技信贷产品，开发了包括"科技立项贷""科技保理贷""科技助保贷""科技孵化贷""科技三板贷"等20多项创新型科技金融产品（见表8-3），对初创期企业，创新金融产品，鼓励金融机构开展科技立项贷、天使投资等服务；对成长期企业，开展科技信贷风险补偿资金池贷款、创业投资等服务，融资服务更为专业、更具特色、更加丰富。

表8-3   **银行科技信贷特色产品**

银行	科技信贷特色产品
中国银行广东省分行	科技通宝、三板通宝、科技立项贷、科技保理贷、科技投联贷、科技立业贷、选择权贷款等
建设银行广东省分行	科技助保贷、科技信用贷、科技智慧贷、科技投贷通、税易贷等
交通银行广东省分行	科技贷、税融通、股融通、沃德小企业贷款等
兴业银行广州分行	三板贷、投联贷、交易贷、连连贷、"芝麻开花"中小企业成长计划
招商银行广州分行	税贷通、三板贷、结算贷、展翼增值、展翼直投
中信银行广州分行	科技信用便捷贷
平安银行广州分行	科技创新贷
广州银行	科技贷、智慧贷

截至2017年12月，科技信贷风险补偿资金池库内企业累计达9124家，资金池撬动8家合作银行为全市978家科技企业提供贷款授信超过100亿元，实际发放贷款超过60亿元。已获批企业中，首次获贷企业占比34.11%，获得纯信用贷款企业占比73.46%。

第二节　深圳：构建完善的投融资体系，建设风投创投中心城市

2011年10月，科技部等五部委印发了《关于确定首批开展促进科技和金融结合试点地区的通知》，深圳市成为首批16个促进科技和金融结合试点地区之一。深圳市委市政府结合本地实际相继出台了促进科技和金融结合的若干支持政策，构建了科技金融结合的三级工作体系，积极推进试点工作，形成了包括银行信贷、证券市场、创业投资、担保资金、财政专项资金资助和政府创投引导基金等覆盖创新全链条的金融服务体系，营造了科技、金融和产业相互融合、相互促进发展的良好生态环境。

亮点一：财政资金支持股权投资，构建投融资体系

2015 年 8 月，为改革财政扶持方式，大力推进"大众创业，万众创新"，加快实施创新驱动发展战略，促进经济提质增效，深圳市设立了市政府投资引导基金（由市财政资金出资设立，按市场化方式运作的政策性基金）。子基金管理机构由取得私募投资基金相关登记备案资质的投资机构申请设立，市引导基金重点投向以创新创业、新兴产业发展、城市基础设施建设、民生事业发展为主要投资方向的子基金，大力培育新兴企业，促进产业转型升级，提升民生事业和城市基础设施建设水平。

截至 2016 年年底，市财政拨入引导基金公司的资金共计 888 亿元，经批准参投的子基金共计 90 只，子基金总规模达 2353 亿元。其中，引导基金承诺出资总额 481.6 亿元，已实际完成出资 196 亿元，占财政已到位资金规模的 22%。目前，全市 VC/PE 机构近 5 万家、注册资本约 3 万亿元，境内外上市企业 360 家。逐步形成了以政府财政资金为引导、社会资本投资为主导的多层次资本市场服务体系。

此外，深圳市还设立了股权投资项目，每年从市科技研发资金、战略性新兴产业专项资金和未来产业专项资金中安排一定比例资金，按照国家科技经费改革要求，通过投资产业技术研发或成果转化项目获得阶段性持有股权的方式，对企业予以有偿资助。深圳市科创委会同市财政委，委托深圳市科技金融服务中心代表政府持有市财政资金形成的阶段性股权，并按委托要求进行管理，行使出资人职责。政府财政资金参股期限一般为 3 年，最长 5 年。政府对被参股企业原则上不控股且不成为第一大股东，不干预企业具体生产经营活动。政府股权退出时，一般按合同约定的固定收益退出，即使股权投资有增值也会让利于企业，使企业获得更多实惠。

截至 2017 年 12 月，经单位申报、专家评审、现场考察、股权评估、社会公示、审批机关审定等程序，市财政委和市科创委联合下达了股权投资项目 158 项，下达资助资金计划 14.48 亿元，实际完成拨款企业 136 家，实际已投金额 12.56 亿元。股权投资项目的实施改变了以往政府无偿资助和直接管理项目的支持、管理方式，通过财政资金阶段性地持有股权、适时退出，为财政资金保值增值、良性循环提供新路径。

亮点二：依托科技金融服务平台，促进投贷联动

深圳市科技金融服务中心作为促进科技和金融结合试点的服务单位，努力推进科技金融市区联动，支持和帮助各区开展科技金融结合工作；搭建科技金融服务平台，营造科技金融生态环境。

服务中心成立以来，经过重新整合规划，以"高新区创业投资广场"和"科技金融联盟"两大公共平台为支撑，不断完善平台机制，创新服务理念，延伸服务体系，努力打造各具特色的创业投资广场和科技金融联盟平台，以各自不同的服务模式、服务对象、服务范围和特色活动，构建资源共享、相互支持的协同机制，积极促进科技与金融结合试点。通过与入驻机构、联盟成员单位合作，每年共同举办60多场次各类科技金融政策解读会、科技金融讲座、科技金融创新产品推介会、投贷联动交流会、深圳国家自主创新示范区科技企业常态化路演、科技金融联盟分部及工作站培训会、中国风险投资行业年会等活动，对落实科技金融各项政策，解决中小微科技企业融资信息、资源不对称等问题，提升科技金融服务水平具有重要意义。例如，2015年10月至今，服务中心与深圳市证券交易所累计联合举办了25期"深圳国家自主创新示范区科技企业常态化路演"活动，通过微信公众号、互联网平台和移动客户端，提供"现场＋网上"的路演交流平台，并依托大数据分析，提供定制化的智能匹配和精准推送服务，有效提升了科技型企业与投资机构之间的信息对接和融资效果。具体见表8-4。

表8-4　　　　　　　　　深圳市科技金融服务中心两大公共平台

深圳高新区创业投资服务广场

深圳高新区创业投资服务广场（简称"创投广场"）成立于2007年10月，是全国首个引进专业风险投资基金、券商投行部和非上市业务部、产权交易所、评估、会计、律师事务所及担保、信用、专利服务中介机构入驻的公共服务平台，通过提供办公场地、优惠政策和专业化服务等三大要素搭建平台，依托入驻机构为高新技术企业提供服务，形成了显著的"聚集效应"和完整的"投融资服务链"，为处于不同成长阶段的中小微科技企业提供"多层次、立体化、全过程"融资服务。

截至2017年12月，已有入驻机构21家，合作机构80多家，管理基金62个，管理资金规模达685亿元，累计风险投资项目369个，已投资金额227亿元，累计辅导企业上市487家，累计改制企业33家，累计举办各类活动461次，参加人次2.3万人，为政府、投资机构和初创企业之间搭建起一座直接交流互动的平台。

创投广场也培育了一批诸如"深圳创新投""高新投担保""弈投孵化器"等在全国和深圳本地颇有影响力的创投机构。例如，弈投孵化器是在科技金融服务中心的支持下，由深圳市商弈投管理有限公司搭建的高端孵化平台，是深圳首家虚拟的服务型孵化器。公司于2009年入驻创投广场，已在镇江、东莞和惠州等地开设了多家服务型孵化器，同时在硅谷和温哥华运营。目前形成了天使孵化、早期孵化和成长孵化系列产品，已孵化428家本地高新技术企业，其中65家成功融资8亿多元人民币，债权融资3亿多元人民币，25家企业在新三板挂牌，100家准新三板挂牌企业，另有128个海外孵化项目。

深圳市科技金融联盟

2012 年 12 月，深圳成立全国首个科技金融联盟，旨在促进科技金融领域各种创新要素的集聚，促进科技金融资源的有效对接互动，使科技金融结合服务体系得到进一步完善，是探索科技与金融结合的新举措。联盟现有成员单位 279 家，分别来自银行、交易所、证券、创投、小额贷款、担保、保险和高科技企业。

联盟也是推进科技金融"市区联动"工作的重要抓手，建立全市区级科技金融联盟分部共 6 个，科技金融联盟工作站达 54 个。通过设立市、区联动的科技金融联盟，通过举办各种科技金融政策宣讲、讲座、常态化路演和联盟工作站交流会等活动，为银行、金融机构和科技企业提供交流互动平台，引导社会资金不断投入科技创新，促进科技金融领域各类创新要素集聚和有效对接互动，使科技金融服务体系得到进一步完善，为高新技术产业和金融业这两大支柱产业的融合发展创造新的机遇。截至 2017 年 12 月已累计举办各类活动 239 场次。

在此基础上，2017 年 6 月，由全国各地的高新区和科技金融领域的企事业单位联合发起成立了中国科技金融联盟，深圳市科技金融联盟成为首批成员单位。该联盟的成立积极贯彻创新驱动发展战略，推动供给侧改革，进一步促进科技金融的深度融合，驱动经济结构调整和产业转型升级，为深圳以及全国各地科技型企业搭建"全方位、专业化"的创新型金融服务平台，打造良好的"科技金融生态圈"。

资料来源：深圳市科技金融服务中心。

此外，为进一步拓宽科技企业的融资渠道，科技金融服务中心还积极探索推动成立了"深圳市科技企业投贷联动促进会"（简称"投贷促进会"）。2016 年上半年，服务中心对已获取政府股权投资的 64 家企业进行了再融资需求调研，其中 15 家企业提出了股权融资和债权融资相结合的需求。根据调研结果，服务中心分批次组织闭门式投贷联动洽谈会，以精准有效地解决企业融资难问题。2016 年底，在科技金融服务中心的推动下正式成立了"深圳市科技企业投贷联动促进会"，旨在联合政府、银行和其他金融机构为科技企业提供各种政策、融资、培训等咨询服务，不仅为政府、银行、投资机构和科技企业间的投融资活动牵线搭桥，也达到投贷联动机构、园区管理服务机构及园区企业无缝对接、分享、共赢的效果。

第三节　佛山：立足制造业，走产业金融创新发展之路

近年来，佛山市加快实施创新驱动发展战略，加大财政科技投入力度，创新工作机制与投入方式，推动科技与金融深入结合。在推进科技金融发展实践中，逐渐形成了以佛山分中心、顺德分中心、广东金融高新区分中心为支撑的科技金融服务体系；佛山市还围绕打造国家制造业创新中心的目标，

坚持打造具有全国示范意义的产业金融中心，不断探索金融服务实体经济的新模式，成为全省金融、科技、产业融合发展的排头兵。

亮点一：建设三个分中心，支撑科技金融服务体系

佛山市设有广东省科技金融综合服务中心佛山分中心、顺德分中心和金融高新区分中心，三个分中心各自独立运营，支撑佛山市科技金融服务体系的建设。

广东省科技金融综合服务中心佛山分中心，是由佛山火炬创新创业园有限公司（简称"火炬园"）于 2014 年 7 月独资成立，旨在探索推动技术与资本融合，为小微企业提供专业的科技金融服务。该中心依托佛山市金融投资控股有限公司（简称"佛山金控"）和火炬园的服务资源，集聚和整合风投、银行、商协会等各界力量，基本形成了独具特色的服务体系和商业模式，打造了两个科技金融品牌产品——中国创新创业大赛佛山赛事和佛山电视节目《创新创业之路》。下一阶段，佛山分中心将继续沿着创新驱动的发展思路，凭借佛山金控的平台优势，形成一个独具投融资、管理和孵化服务功能的"金融 + 科技"的商业模式；同时在产业转型升级、科技创新需求依靠金融提供发展动力的市场趋势下，针对科技创新业务，构建以"基金—火炬园—证券"为业务主线、重投资功能的金融服务体系。具体见表 8 - 5。

表 8 - 5　　　　　　　　　佛山分中心科技金融品牌产品

创新创业大赛
2017 年，"佛山农商银行杯"创新创业大赛总决赛通过 2016 年大赛培育孵化出的龙眼传媒，在全网 10 多个直播平台进行网络直播，4 小时的总决赛和颁奖仪式吸引了 10 多万人次观看。
《创新创业之路》
《创新创业之路》节目已连续播出两季，累计 100 多集。该栏目在佛山电视台周六、日晚黄金时段播出以来，社会各界反响强烈，收视率高居佛山电视台收视率第二位。

资料来源：广东省科技金融综合服务中心佛山分中心。

广东省科技金融综合服务中心顺德分中心依托顺德区产业服务创新中心建设，旨在推动地方科技金融发展，促进科技型中小企业成长。2017 年，顺德分中心着力于建设科技金融线下服务体系，打造科技金融咨询培训服务平台。一是举办公益培训"顺德·资本空间"及高端培训"顺德资本运作与市值管理高级研修班"，营造创新创业和投融资氛围，鼓励和引导企业借助资本市场获取发展新动力。培训主题涉及政策宣讲、企业财税筹划、股权激励、多层次资本市场政策解读、三板挂牌专题、资本运作专题以及并购重组案例分享等，并策划"顺德资本运作规范化实操训练营"，为顺德企业提供实务辅导。2017 年，"顺德资本运作与市值管理高级研修班二期"共吸引 100 余人参加；"顺德·资本空间"成功举办 30 余场主题活动，参与人员累计超过 2500 人次。二是举办"科技先声"培训活动，打造顺德科技领域的百家讲堂。"科技先声"侧重从知识产权的角度切入，为企业解决技术与创新方面的难题，2017 年共举办 6 场主题活动，累计吸引 200 多人次参与。三是编辑出版《科技金融杂志》，深入宣传顺德科技金融产业融合发展战略情况，定期集中展示顺德"科金产"工作成果，并借鉴先进地区的工作经验，为政府部门提供内部交流参考，目前已出版 4 期。

　　佛山市南海区的广东省科技金融综合服务中心广东金融高新区分中心成立于 2015 年 11 月。分中心立足于广东金融高新区，以广东金融高新区股权交易中心为建设、管理和运营主体，充分发挥其专业优势和省级综合金融服务平台优势，整合各类科技金融资源，为科技型中小微企业提供"科技金融政策对接、投融资对接、科技板挂牌、常态化路演、企业征信信息、创业孵化培育、科技金融人才培养和上市辅导"等八大核心科技金融综合服务。具体见表 8-6。

表 8-6　　　　　广东金融高新区分中心八大科技金融综合服务内容

科技金融政策对接服务

　　广东金融高新区分中心承接了广东省知识产权投融资服务平台，成功举办知识产权投融资对接活动，推出知识产权线上平台"粤知易"，实现线上知识产权转让、许可、质押融资和证券化等个性化交易。负责管理佛山市知识产权质押融资风险补偿资金及佛山市科技企业孵化器信贷风险补偿资金。其中，通过知识产权质押融资，与 13 家银行机构建立合作关系。截至 2017 年年底，共为 45 家企业通过知识产权质押活动融资 2.48 亿元。管理科技创新券项目，通过后补助的方式，2017 年累计向超过 700 多家中小微企业发放超 5000 万元额度的创新券，有效带动企业购买科技创新服务。

投融资对接服务

　　广东金融高新区分中心借助广东股交中心，集聚大量创业投资、银行、小贷公司、投资公司等金融机构。根据科技型中小企业的实际情况，为企业和金融机构提供匹配和撮合服务。与南海农商行合作，针对在广东股交中心挂牌的高新技术企业设计高企挂牌贷产品，高新技术企业挂牌后，不需要抵押物，可获得最低 100 万元融资额度。截至 2017 年年底，分中心借助广东股交中心，通过银行融资、股权投资等融资方式，为企业实现融资将近 1000 亿元。

续表

科技板挂牌服务

广东金融高新区分中心借力广东股交中心，为科技型及创新创业、互联网、电子商务等中小微企业专门设立一个特色资本市场服务板块，即广东股交中心科技板，通过整合政策资源、资本资源、产业资源和智力资源，提供股权、债权、知识产权、股权众筹等全方位金融服务。截至2017年年底，共有165家企业挂牌科技板。同时，结合融资、股改等服务，打造出了"科技型企业—高新技术企业—挂牌融资—规范股改—上市"的企业服务路径，助力科技、金融融合发展，引领支持实体经济发展。

常态化路演服务

充分发挥深交所全景路演中心的平台优势，采用"现场路演＋网上路演"方式，举办常态化路演活动，为创新创业人才团队、孵化器在孵企业、创新平台项目和创新创业工场项目提供展示和资本对接的平台。2017年累计举办常态化路演活动200多场，平均每月开展2～3场，为参与路演的项目有效对接投资机构。

企业征信信息服务

广东金融高新区分中心依托省、市、区科技金融企业信息数据库平台的建设，探索搭建"企业云"服务模块。目前，已建成佛山市南海区信用与金融创新应用平台，推动了政务数据开放，通过融合第三方机构数据和社会性大数据，解决政、银、企之间信用信息不对称的问题，探索建立多方互动机制和同业征信机制。信用平台已建立完善的企业风险监测指标体系和企业综合评分模型，向政府、金融机构、企业提供信息查询、信用服务、企业立信、信用资讯、风险监测、信用大数据等功能服务。

创业孵化培育服务

依托国家级孵化器瀚天科技园和粤港联合"创享蓝海"孵化器，探索对接佛山范围孵化器，搭建众创空间，为创业企业提供孵化培育服务，包括物业管理、注册代理、法律会计、信息交流、人才招聘、创业导师培训和种子基金等。目前"创享蓝海"孵化器共有50家在孵企业。此外，与广东省教育厅合作，为高校创新创业项目设立高校双创板，向高校创新创业项目提供宣传展示、路演培训、商业辅导、入驻孵化、成果转化等支持服务。

科技金融人才培养服务

通过与广东金融学院、华南理工大学、佛山科学技术学院、广东职业技术学院等高校的合作，为科技型中小企业提供人才引进、人才培训、人才智囊库储备等一系列科技、金融人才服务。

上市辅导服务

依托券商、投资机构和律所会所等中介服务机构，通过与佛山各区职能部门定期举办上市培训班和交流论坛，为佛山市企业上市提供系统的辅导服务。截至2017年12月，已孵化3家企业登陆IPO，52家企业登陆"新三板"。

资料来源：广东省科技金融综合服务中心金融高新区分中心。

亮点二：金融科技产业融合，建设国家制造业创新中心

佛山市历来工业基础雄厚，制造业发达，在推进科技金融发展过程中，

一直立足于制造业的转型升级。为支持制造业转型升级，促进中小企业的发展壮大，2014 年，佛山在省内率先树立金融、科技、产业融合发展的目标和任务。2016 年，佛山提出以"金融引领创新驱动"支撑建设国家制造业创新中心，推动产业链、创新链、资金链"三链融合"。2017 年，佛山提出打造珠江西岸创投中心和融资租赁区域中心，明确了佛山构建产业金融中心和深化金融、科技、产业融合发展的重点方向。

为构造支撑创新发展的金融平台，并以制造业转型升级为导向推动大众创新、万众创业，佛山市发起设立了总规模 200 亿元的创新创业产业引导母基金，其中市财政将分期投入 20 亿元，第一期市财政共投入 7.8 亿元，参与组建 10 只子基金，基金总规模已达 93.5 亿元。此外，佛山市从 2014 年 9 月开始设立了科技型中小企业信贷风险补偿基金，采用信贷风险补偿和贷款贴息等形式，健全财政资金对科技型企业投入的风险补偿分担机制，降低企业融资成本和难度。目前，资金规模已达 1.73 亿元，截至 2017 年年底，累计授信企业 337 家，授信金额 29.84 亿元，累计提款企业 303 家，提款金额 24.5 亿元，累计收回贷款 18.53 亿元。同时，佛山还设立了 6000 万元的知识产权质押融资风险补偿资金，代偿银行及类金融机构开展企业知识产权质押融资时产生的部分风险损失，政府承担比例最高可达 70%。截至 2017 年年底，共有 128 家企业进入扶持企业库，融资需求合计 10.29 亿元。此外，佛山政府也在不遗余力地扶持股权投资行业发展，鼓励各类天使投资、种子基金、股权投资基金、创投公司进驻佛山，拓宽企业融资渠道；高规格出台金融人才扶持政策，吸引高端金融人才落户佛山。

第四节　东莞："三平台一网络"体系，为企业提供一站式服务

近年来，东莞市大力实施创新驱动发展战略，积极推进科技资源与金融资源有效对接，科技金融服务体系呈现良好的发展态势。

亮点一：建设科技金融工作站，搭建多级联动服务体系

在科技金融服务平台建设方面，广东省科技金融综合服务中心东莞分中心按照"政府搭台、多方共建、资源共享、合作共赢"的原则，整合企业、

项目、融资、投资、担保、租赁、产权交易等资源，构建了由科技创新大数据平台、政策服务平台、投融资平台和覆盖全市的科技金融工作站网络构成"三平台一网络"的资本生态服务体系（见表8-7）。东莞启动省市联动科技金融服务体系建设项目申报工作，安排200万元专门用于开展科技金融服务体系建设，并以镇街（园区）科技部门、国家级孵化器、金融机构等为依托，成功组建47个科技金融工作站，形成覆盖全市的科技金融服务网络体系，实现科技金融服务省、市、镇三级联动，为企业提供一站式资本孵化服务。

表8-7   大数据服务平台助力普惠金融

> **为银行提供数据服务，助力普惠金融工作开展**
>
> 　　广东省科技金融综合服务中心东莞分中心与东莞银行总行达成合作，依托在东莞分中心的大数据服务平台，以东莞银行风控模型为标准，生成拥有自主知识产权的企业评价报告，已经被东莞银行风控部审核认定为企业授信参考依据，可直接换算为企业的可授信额度。东莞银行分行改变传统的市场模式，采用中心数据报告形成授信白名单，按名单企业进行市场开拓。通过该数据支撑，创新性地将科技创新能力引入风控指标中，为银行快速定位有效企业群，降低市场成本，有效推动了普惠金融工作的开展。

资料来源：广东省科技金融综合服务中心东莞分中心。

东莞分中心建立108名专员构成的科技金融服务队伍，承接"赢在东莞"科技创新创业大赛和"松湖杯"创新创业大赛的组织工作，开展系列科技金融服务活动，帮助中小企业有效对接资本市场。东莞分中心成立以来，开展各类科技金融服务活动42场次，累计服务企业1477家，促进科技企业融资贷款1.048亿元，其中大赛企业创投（风险）投资9573.7万元、种子基金投资910万元，直接和间接推动24家东莞企业挂牌广东金融高新区股权交易中心。科技金融工作站共开展服务261场，累计服务企业7408家，促成科技企业融资贷款46.5247亿元，其中科技贷款40.1833亿元，创业（风险）投资6.3414亿元。

亮点二："四个创新"实现科技与金融有效对接

东莞市以建设广东省内金融科技产业融合创新综合试验区为契机，通过"四个创新"，即创新政策体系、财政资金投入机制、金融服务体系及融资模式，初步实现了科技资源与金融资源的有效对接。

一是创新科技金融政策体系。着重在信贷风险补偿与奖励、贷款贴息、创业投资风险补助、科技保险补贴、专利保险补贴、科技金融人才培养资助等方面提出了一系列的支持措施，先后出台了《东莞市加快融资租赁业发展实施意见》《关于鼓励企业利用资本市场的若干意见》等一系列政策，健全"拨、投、贷、补、贴"相结合的科技金融结合机制，打通技术项目与金融资本的对接通道，营造良好的科技金融政策环境。特别是2017年东莞市成为首批普惠性科技金融试点城市，制定出台了《关于开展普惠性科技金融试点工作的实施方案》，开展一系列试点工作，让科技金融切实惠及小微科技型企业及各类"双创"主体，2017年全市累计投放普惠性科技金融贷款687笔，投放贷款金额11.24亿元，占全省7个试点城市1/2以上。

二是创新财政资金投入机制。着重推动信贷风险池、创新创业种子基金、贷款贴息专项资金等正式运作，同时安排专项资金对购买科技保险的企业进行补贴。设立了2亿元信贷风险补偿资金池，专门用于合作银行对科技、经信等部门立项或推荐的企业发放信用贷款、合作银行自身开展新型信贷业务所产生的风险损失进行补偿。设立首期5000万元的创新创业种子基金，通过公开招投标方式确定了委托代管机构，采取与委托代管机构联动投资的方式，引导民间资本投资市内注册的种子期、初创期等创业早期科技型中小微企业。截至2017年年底，种子基金共投资大研自动化、左右缤纷等企业8家，投资金额达944万元。设立每年9000万元的贷款贴息专项资金，对经有关部门立项或推荐的，从科技合作银行获得贷款的企业提供贴息资助，累计拨付贷款贴息7184.32万元，惠及企业505家，平均每户贴息约14.23万元。设立每年2000万元创业投资机构风险补助资金，主要对投资初创期科技型中小微企业项目发生亏损的风险机构进行补助，累计拨付风险补偿金1349万元。此外，还确定高企小额贷款保证保险、关键研发设备保险和产品质量保证保险等两大类13个险种，满足企业刚性需求。2017年，共推动94家企业参与投保，保费共计828.57万元，保额达164.6亿元，发放保费补贴共计274.35万元。

三是创新金融服务体系。着重提供投创投对接、科技信贷和担保增信促金融支持创业创新。针对企业在"苗圃—孵化—加速"等不同发展阶段的融资需求，打造众创金融街、龙湾梧桐资本小镇、松山湖基金小镇等三大基金集聚区，带动一批投资基金、创业孵化器、中介服务等机构集聚，为中小科技型企业提供孵化、融资等全链条服务；组建了东莞银行松山湖科技支行、浦发银行松山湖科技支行、农商行科技支行3家支行，为科技企业提供个性化的专业服务；推动东实融资性担保等3家具有政府背景的融资性担保机构开展业务，重点提供科技信贷担保。

四是创新融资模式。着重通过引导风险投资导向、提升企业资本运作水平，进一步提升社会直接融资比重。市财政采取跟进投资或阶段参股的方式吸引创投机构共同出资设立了"东莞红土基金""中科中广基金""机器换人股权投资基金"3 个子基金，并发起设立市场化运作的产业投资母基金，力争形成总规模超过 50 亿元的"1 + n"产业投资基金体系。对于本市在境内外成功上市及再融资的企业最高资助 700 万元；对新三板挂牌及融资的企业最高资助 150 万元；对于首次成功发行直接债务融资工具的，按 2% 给予贴息，累计最高贴息 50 万元。目前东莞市上市企业总数达 42 家，新三板挂牌企业总数达 202 家，累计融资超过 616 亿元。其中，2017 年新增上市公司 9 家，增速创历史新高。自 2014 年 IPO 重启以来，东莞 A 股上市企业增量以及新三板挂牌企业数量均位居全省地级市第一，有力推动了非公企业的升级转型与做大做强。

第五节 粤东西北地市典型做法

一、汕头：构建科技金融全链条全要素创新驱动生态体系

汕头将科技金融作为全面实施创新驱动发展战略、加快产业转型升级、促进转变经济发展方式的重要抓手，积极探索科技和金融相结合的新机制、新模式，建立健全促进科技与金融结合的工作机制，初步形成符合科技创新创业和现代金融发展规律的科技投融资合作体系，构建了覆盖"科技金融全链条"的全要素创新驱动生态体系。通过多形式金融工具的杠杆与引导作用，促进科技创新创业和金融资源结合，协同调用多种金融手段与金融工具，匹配企业全链条发展需要，促进全生产要素提质增效、均衡发展。

（一）建立健全科技金融政策体系

2017 年以来，汕头市先后出台多项政策（见表 8 - 8），指导金融机构围绕新技术、新产业、新业态、新模式的发展，运用出口信贷、融资租赁、项目贷款、银团贷款、产业链融资等方式加大对现代科技产业体系、重大科技

创新平台、地方重大科技专项领域的信贷支持力度。同时，对科技企业需求进行调查，摸查企业对银行贷款、融资担保、股权融资、债务融资、保险等方面的具体需求，实施科技保险保费补贴、科技信贷贴息，对投保入库企业按险种给予投保保费补贴，分散和化解科技企业创新创业风险。对企业正式受理 IPO 申请、在境内首次公开发行股票、在境外成功上市、在异地"买壳""借壳"上市并将注册地迁回汕头的企业给予奖励，推动企业利用资本市场上市融资，鼓励中小企业通过"新三板"挂牌拓宽融资渠道。

表 8 - 8　　　　　　　　　　2017 年汕头市科技金融相关政策

序号	政策名称
1	《转发关于做好 2017 年信贷政策工作的意见》
2	《汕头市金融支持产融合作试点效果评估办法（试行）》
3	《汕头市企业融资服务指南（2017 年）》
4	《汕头市科学技术局汕头市财政局小微科技企业信贷风险补偿资金管理办法》
5	《汕头市第一批普惠科技金融专项资金（2017－2018 年度补助补贴类）申报指南》
6	《汕头市人民政府金融工作局汕头市财政局关于鼓励企业利用资本市场上市融资奖励实施办法》

（二）构建科技金融服务平台

2014 年，汕头依托金融超市成立了广东省科技金融综合服务中心汕头分中心，成为全省首个挂牌成立科技金融综合服务分中心的地级市；2017 年，汕头市成立省科技金融综合服务中心汕头科技局分中心，积极参与全省科技金融服务网络建设。一是通过建立企业数据库，收集企业产能、产量、专利数量、成果转化、投融资需求、人才需求等方面的信息。二是组织科技金融对接，帮助企业解决投融资难题。截至 2017 年，完成业务对接项目 224 个，成功撮合融资约 3.8 亿元。三是承办创新创业大赛，提供创新创业服务。2017 年，承办第六届中国创新创业大赛（广东·汕头）赛区、汕头市"互联网＋"创业创新大赛、汕头市农业"双创"成果展示会等活动。此外，还充分发挥汕头市高新技术企业协会、新三板协会、供应链协会、电子商务协会等社会组织的作用，积极促进科技企业与银行、券商等金融机构的对接。

（三）发挥地区政策性科技金融服务平台效用

一是实施小微科技企业信贷风险补偿。在广东省科技厅 500 万元小微科技企业信贷风险补偿基础上，市财政配套 500 万元共建风险补偿金池，并按 10 倍杠杆率带动 1 亿元科技信用贷款，推动科技信贷发展，撬动银行业资源。二是组织实施省级科技信贷风险准备金项目。广东省科技厅与汕头中行、建行、光大银行、民生银行、邮储银行与广发银行等 6 家银行机构开展合作，建立健全长效合作机制，为创业投资机构、基金管理机构和科技型企业对接。

（四）推动科技投融资服务与资本市场发展

一是推动地区创业投资服务。目前有 4 家创业投资基金企业已完成在中国证券投资业协会备案登记。二是大力发展多层次资本市场。引导和培育企业到新三板"挂牌"，截至 2017 年年底，汕头市共有"新三板"挂牌企业 59 家，全年新增 9 家。此外，依托华侨试验区发展多层次资本市场，设立专业化金融资产交易机构，成立华融华侨资产管理股份有限公司。截至 2018 年 1 月 30 日，华侨板合计挂牌企业 492 家（股份制 7 家，有限责任公司 485 家），其中展示层 486 家、交易层 6 家，意向股权融资 41.72 亿元，意向债券融资 26.84 亿元，合计意向融资额 68.56 亿元。目前，累计企业发行私募债 5000 万元，银行融资 2000 万元，"政银保"融资项目累计投放 600 万元。挂牌企业中，2 家企业通过华侨板增资扩股 4119 万元，8 家企业实现孵化转板。

（五）积极推进科技信贷、科技保险以及科技担保

一是推进科技信贷。重点支持商业银行在汕头设立科技支行和子公司，成立中国银行汕头科技支行，配套科技投联贷、科技知识产权组合贷等专门产品，为科技企业提供专门的金融服务。截至 2017 年年末，该科技支行贷款余额 1.2 亿元，同比增长 9.21%；累计发放贷款 2.81 亿元，支持科技企业 30 家。积极推动知识产权质押融资，支持金平区开展质押融资工作试点，每年拨出 100 万元设立"知识产权质押融资专项补贴资金"，协助企业获得 500 万元的融资。二是推进小额贷款。通过行业规范和政策引导，为抵押物不足或无抵押物的中小微企业提供融资支持。截至 2017 年年底，全市小额贷款公司共 19 家，其中国有控股 3 家，全年累计发放贷款 24.09 亿元。开展互联网小额贷款公司试点，引进润信、中青旅金服、搜狗科技 3 家企业设立互联网小额贷款公司，为地方企业定制个性化贷款产品。推动设立科技小额贷款公司，由广东省粤科科技小额贷款股份有限公司发起设立汕头市粤科科技小额贷款股份有限公司。截至 2017 年年底，发放贷款 105 笔，贷款余额 12656 万元，有力支持科技型中小微企业发展。三是发展科技保险和科技担保。2017年，安排 400 万元对投保科技保险的入库企业按险种给予 30%～70% 投保保费补贴，分散和化解科技企业创新创业风险。第一批补贴 60 家企业，帮助化解企业经营风险 44.12 亿元。全市融资担保公司共 11 家，其中政策性担保公司 1 家，全年担保发生额 15.58 亿元，在保余额 18.91 亿元，为科技企业提供贷款担保与发债增信起到积极作用。

二、韶关：分层分类差异化服务助推企业发展

韶关市围绕科技金融服务圈通过对服务对象和服务内容进行分层分类，为企业提供差异化的培育服务。

（一）基础性服务

帮助企业享受政策扶持，如政府补助资金、科技信贷等，2017 年，广东省科技金融综合服务中心韶关分中心面向 120 多家企业，举行了 11 场以"科技·金融服务行"为主题的科技政策宣讲培训会，宣传科技信贷、高新技术企业认定等科技政策。联合 3 家合作银行开展了"科技信贷月"活动，举办了"高企优税收""园区科技金融服务圈"等活动，受到科技企业广泛欢迎。通过报刊、电视、网络媒体宣传和解读科技金融相关政策，加深科技型中小微企业、金融机构及社会各界对科技信贷风险准备金政策的认识和理解。通过宣传培训、积极沟通、精准服务，推动科技信贷政策落到实处，在一定程度上解决了部分中小科技型企业融资难题，取得良好效果。

（二）重点扶持和打造优秀企业

帮助企业提升管理水平和培养金融人才，引导企业茁壮成长。将服务对象分为四类，分为科技型企业、高新技术企业、明星企业和优秀企业，其中将优秀企业作为重点培育对象。积极支持优秀企业挂牌上市，根据《韶关市人民政府关于印发韶关市促进企业上市挂牌若干措施的通知》的规定，对广安科技、中星科技、天合牧科三家企业共奖励了 169.08 万元。

（三）根据企业融资需求匹配相应信贷服务

不同银行对贷款群体侧重点不同，韶关市有针对性地推荐企业，优选科技信贷合作银行，将企业融资需求分为 200 万元以下，200 万~500 万元和 500 万元以上三个区间，为银行寻找适合贷款的群体，帮助中小微科技型企业解决了"融资难"的问题。2017 年，韶关开展科技信贷的银行有中国银行韶关分行、建设银行韶关分行、邮储银行韶关分行。截至 2017 年年底，科技信贷余额为 8848 万元。2017 年共有 52 家科技型企业成功入池并获得 6900 万元的科技信贷风险准备金信贷额度，累计共有 85 家科技型中小企业获得 2.43 亿元的科技信贷风险准备金信贷额度。此外，韶关市小额贷款公司 17 家，2017 年发放贷款 79704.4 万元，累计发放贷款 513931 万元，主要投向三农和民营中小企业。

三、湛江：省、市、区三级联动推进普惠性科技金融

2017 年，湛江市被列入广东省普惠性科技金融 7 个试点市，积极探索具有"湛江特色"的普惠金融发展模式。

（一）完善推进普惠性科技金融政策环境与工作推进机制

2017 年，为有序推进普惠性科技金融工作，湛江市成立了普惠性科技金融试点工作领导小组，出台了《关于开展普惠性科技金融试点工作的实施方案》。与中国银行湛江分行开展科技企业风险贷工作，设立科技信贷风险准备金 3320 万元，累计支持科技企业 18 家，授信金额 2 亿元；全年有 30 家中小微企业申请获得科技创新券，金额达 635 万元；科技支行提供授信支持的企业有 29 家，授信金额 2.9 亿元，有效解决了部分中小科技企业"融资难"问题。

（二）形成普惠性科技金融省、市、区三级联动的创新机制

依托犹九集团成立粤西科技金融服务中心、湛江市海洋科技金融服务中心和遂溪县科技金融服务中心，形成省、市、区三级联动创新机制，共同推进普惠性科技金融的试点实施。2017 年，粤西科技金融服务中心、湛江市海洋科技金融服务中心与湛江市建行合作，共同跟进对接了近 100 家小微科技型企业，为 47 家企业提供贷款合计 1.0209 亿元。

（三）推动科技金融服务发展

一是设立创业投资基金。湛江市设立了 20 亿元"南方海谷"海洋产业创业投资基金，主要投资于湛江市重大科技领域的重点龙头企业。二是鼓励企业通过资本市场直接融资。湛江市出台多项优惠措施鼓励企业上市，2017年，湛江市企业直接融资余额 170.84 亿元，地方平台公司和企业发债 59 亿元。三是开展科技信贷。建行湛江市分行为湛江市 79 家高新技术企业均开立了对公账户或办理结算产品，其中有 35 家高新技术企业与其建立了授信关系，授信金额约为 28 亿元，信贷余额为 14.94 亿元。

第九章 广东省科技金融发展指数

第一节 广东省科技金融发展指数编制基础

一、编制背景

广东作为我国开展科技金融工作最早的少数地区之一，先后在科技金融综合服务体系、普惠性科技金融、多层次资本市场、创业投资市场等方面开展了卓有成效的工作，科技金融的融合深度与广度、政府及社会投入力度、资源要素聚集度等不断提升，全省整体上初步形成了科技与金融互促共进的良好局面。并且在科技信贷、科技保险、服务网络、政府引导基金、天使投资、政策环境等方面均做出了诸多有益的实践探索，部分工作走在全国前列。

但至今广东仍缺乏一套可定量、全面准确、科学客观的科技金融专用评价系统与指标体系，全省及各地市的科技金融发展水平难以进行有效监测与定量分析，如，各地区创业投资、科技资本市场、科技信贷、科技保险以及政府在科技金融投入、科技金融服务等方面的发展现状与水平缺乏客观、定量的刻画与对比分析，市场与政府在各地市科技金融工作中的发展程度也缺乏科学有效的分析研判等。同时，全省科技金融整体工作的长远发展也需要基于实践经验分析基础上的理论指导。

开展广东省科技金融发展指数研究，对全省科技金融工作进行有针对性、全面准确、科学客观的定量分析与总结评价，为全省科技金融工作提供系列理论支撑与前瞻性、系统性决策指引，是当前加速推进科技创新强省建设、推动经济高质量发展、引导全省科技金融工作向纵深推进的现实需求。

当前，国内有关科技金融指数方面的研究总体较少，大部分延用同济大学曹颖（2011）等的"科技资源—经费投入—产出效率"的思路，从区域性多维参数视角的科技金融指数研究依旧空白，对科技金融工作的理论和决策参考作用有限。科技金融指数的具体实践较少，仅在 2016 年武汉市金融工作局联合普华永道发布了"武汉科技金融指数"，另外，北京金融局、北京大学等研究发布了"北京金融发展指数"，但均存在区域范围小、参数空间属性弱、可比性差、借鉴性不强等缺陷。

广东科技金融指数基于广东省域视角，对各地市科技金融发展开展广视角、多维度的监测分析和客观评价，能够很好地对已有研究和实践进行补充，在理论和实践上均具有开创性。

二、研究思路

广东省科技金融发展指数主要基于金融深化理论、区域竞争力理论和系统工程理论，从科技金融兼具政策性金融和商业性金融的内涵出发，立足科技与金融有机融合，从市场与政府两个维度逐层剖析各地区支撑科技创新的金融业态、金融产品与服务水平、科技金融投入等，力图直接呈现全省科技金融发展全貌。

报告运用指数化评价方法，采用逐层深入分析框架，从风险投资市场、科技信贷市场、科技资本市场、科技金融投入、科技金融服务等五个方面对全省 21 个地市进行定量化呈现和定性化分析，以求能准确、客观、真实地反映和评价一定时期内广东省科技金融的发展现状、问题、不足与区域差距等。第一层次，通过指数得分的阶段性差异，对各地市科技金融发展状况做出综合评价；第二层次，深入要素分析层面，从风险投资市场、科技信贷市场、科技资本市场、科技金融投入、科技金融服务五大方面具体分析各个地市科技金融发展的优劣势；第三层次，基于区域化角度，探究分析全省科技金融相对于经济发展情况。

三、研究意义

"广东科技金融发展指数"从科技金融的两类主要推动力——"市场和政府"出发，构建了风险投资市场、科技信贷市场、科技资本市场、科技金融投入、科技金融服务五大指标体系，全方位、多维度地系统揭示了广东各地区的科技金融发展水平，对全省科技金融工作的改革创新发展具有较好的理论指导与决策参考价值，对广东省科技金融相关研究和实践空白进行了有力的补充，相关研究视角、方法等具有较好的创新性和开拓性。

总体来说，广东科技金融发展指数报告可推动广东科技金融工作"知现状、立标杆、确标准"，具体如下。

（一）知现状，凝聚合力推进科技金融服务再发展

依托多维度、定量化的评测分析，实现对全省及各地市科技金融发展水平的综合评价，深度了解科技金融微观工作的地区经验与不足，指导后续出台具有地方特色、针对性强的科技金融发展政策，凝聚各地区、各组织力量为科技金融工作的改革发展提供全新视角指引。

（二）立标杆，以"彰优补差"机制促进区域协调

基于科学客观的评测，进行各地市科技金融发展水平的全方位对比分析，摸清各地市科技金融发展水平差异性。对走在各地市前列的，树立为标杆，在其他地市开展宣传和推广经验；对科技金融滞后地区，结合地区资源特色开展查漏补缺，依托先进经验指导其升级优化。

（三）确标准，以广东特色推进科技金融指数推广

持续推进科技金融发展指数的研究和发布工作，强化对广东省科技金融发展的指引，提升其权威性和通用性，力争形成科技金融领域权威标准和广东特色，为我国其他地区的科技金融工作提供了一个新的视角与借鉴。

四、设计原则

（一）系统性

强调每个指标都能反映某一地市科技金融发展的某一方面，尽可能从各个角度全面反映各地市科技金融发展水平以及未来指数研究的延展性，最大化依据社会反馈意见和建议进行修正、补充和完善。

（二）客观性

强调对可考可查的真实运行数据进行简约相对化处理，通过可以评价和修正的权重进行计算，避免指数的灰色性、模糊性和不可追溯性，指数分析方法客观、可复制。

（三）科学性

指数指标论证经多次意见征集和研讨确认，各个指标有明显差异，避免特征上交叉，以确保指标间具有代表性和可比性。权重体系经过多轮征集和考量，具有权威性和导向性。

（四）操作性

指标充分考虑数据来源稳定、数据连续规范、口径统一的原则，使数据易于比较和计算，评价指标含义明确。

五、指标体系

基于模型架构与设计原则，广东省科技金融发展指数共设计三级指标体系，包括 2 个一级指标、5 个二级指标和 20 个三级指标。其中，一级指标注重揭示科技金融发展的两大动力，具体包括市场发育程度和政府支持力度两个维度。市场发育程度是对科技金融发展中市场因素的测度；政府支持力度是对科技金融发展中非市场因素的测度。二级指标是基于功能属性对一级指标的方向性层次展开。三级指标是具体指标层。

一般而言，科技金融发展状况主要特征包括：市场（风险投资市场、科技信贷市场、科技资本市场）发育程度，包括风险投资规模、科技信贷规模、IPO 融资等；政府支持力度，包括科技金融投入、科技金融服务与培训等。

具体筛选出的指标如下。

风险投资市场通过以下指标考量：创业投资金额、私募股权及创业投资基金管理基金净资产、私募股权及创业投资基金管理机构家数。

科技信贷市场通过以下指标考量：科技信贷余额、科技支行数。

科技资本市场通过以下指标考量：A 股新增融资额、A 股新增企业数、区域股权交易中心年度新增挂牌企业数、新三板新增融资额、新三板新增挂牌企业数。

科技金融费用通过以下指标考量：科技信贷风险补偿资金池规模、一般公共预算支出中科技支出占比、研发经费支出/地区生产总值、地方财政设立创业引导基金额度。

科技金融服务通过以下指标考量：中国创新创业大赛年度参赛企业数量、科技金融综合服务分中心培训路演人次、科技金融综合服务分中心数量、科技金融综合服务分中心从业人员数量、高新技术企业年度新增数量、技术合同成交额。

第二节 广东省科技金融发展指数编制方法

一、指标编制及流程

广东省科技金融发展指数编制主要包括以下三个步骤。

（一）指标评估方法选取

通过对数据标准化研究成果的总结借鉴，标准化处理法、极值处理法及功效系数法三种方法满足的性质最多，相较于其他方法更为优良，且在实践中得到了广泛应用。另外，基于科技金融发展指数分布、可控性、可操作性等要求，报告选取了极值处理法的指标评价方法。具体如表9-1所示。

表9-1　　　　　　常用线性无量纲化方法及性质对应表

无量纲方法	单调性	差异比不变性	平移无关性	缩放无关性	区间稳定性	总量恒定性
标准化处理法	√	√ ($x' = x$)	√	√	×	√
极值处理法	√	√ ($x' = m_j$)	√	√	√	×
线性比例法（m_j）	√	√ ($x' = 0$)	×	√	×	√
线性比例法	√	√ ($x' = 0$)	×	√	×	×
线性比例法（x_j）	√	√ ($x' = 0$)	×	√	×	√

续表

无量纲方法	单调性	差异比不变性	平移无关性	缩放无关性	区间稳定性	总量恒定性
归一化处理法	√	√（$x'=0$）	×	√	×	√
向量规范法	√	√（$x'=0$）	×	√	×	×
功效系数法	√	√（$x'=m_j'$）	√	√	√	×

注：符号"√"表示成立，符号"×"表示不成立。仅考虑用同一种无量纲化方法对所有指标进行处理的情形。

（二）数据标准化处理

对原始数据进行标准化处理，建立标准化的统一尺度。采用极差标准化法，将不同量纲和数量级的指标统一转换为 0～100 的指数[①]。在广东省科技金融发展指数中，以三级指标数值最大的项作为最大值，数值最小的项作为最小值，将地市的指标值减去最小值后，再除以最大值与最小值的差值，乘以 100，作为此地市的该项三级指标指数值（若某市某项指标为全省最低，则该项指标得分为 0；某市某项指标为全省最高，则该项指标得分为 100）。指数计算公式为：

$$指数值 = \frac{实际值 - 最小值}{最大值 - 最小值} \times 100$$

（三）聚集各维度指数

采用线性加权综合评判，计算各维度指数。首先，将二级指标指数所包含的三级指标的指数值按照一定的权重做加权平均取得二级指标指数；其次，将一级指标指数所包含的二级指标的指数值按照一定的权重做加权平均取得一级指标指数，再由一级指标指数值作加权平均取得科技金融发展指数。

二、指标体系及权重

（一）指标调整

基于保持指标整体的结构稳定、结果科学，以及一级指标不变、二级指标与三级指标数量上均衡、指标来源趋向分散等原则，在充分考察数据可获

---

① 数据标准化处理后的 0 即为原始数据最小值，100 即为原始数据最大值。

取性、指标意义、指标重要性以及新形势综合研判存量指标的科学性等，在主观经验、专家调查、相关性和隶属度分析等综合研究基础上，经过多轮调整形成了广东省科技金融发展指数指标体系。

（二）指标权重

经过研究人员文献研究、主观经验分析和专家调查，基于层次分析法确立了广东省科技金融发展指数各级指标权重，具体如表9-2所示。

表9-2　　　　　　　　广东省科技金融发展指数构成

一级指标	二级指标	三级指标
科技金融发展指数	市场发展指数	风险投资市场
		创业投资金额
		私募股权、创业投资基金管理基金净资产
		私募股权、创业投资基金管理机构家数
		科技信贷市场
		科技信贷余额
		科技支行数
		科技资本市场
		A股新增融资额
		A股新增企业数
		区域股权交易中心年度新增挂牌企业数
		新三板新增融资额
		新三板新增挂牌企业数
	政府支持指数	科技金融投入
		科技信贷风险补偿资金池规模
		一般公共预算支出中科技支出占比
		研发经费支出/地区生产总值
		地方财政设立创业引导基金额度
		科技金融服务
		中国创新创业大赛年度参赛企业数量
		科技金融综合服务分中心培训路演人次
		科技金融综合服务分中心数量
		科技金融综合服务分中心从业人员数量
		高新技术企业年度新增数量
		技术合同成交额

（三）数据采集

广东省科技金融发展指数的指标数据均来自国内官方及权威第三方，来源稳定、可靠，公信力高，主要来源于以下渠道。

1. 广东省各地市科技主管部门；
2. 广东省金融工作办公室；
3.《广东统计年鉴》（2018）；
4. 2017 年广东省各市创新驱动发展"八大举措"监测评估报告；
5. 广东省发展和改革委员会；
6. 广东股交中心、深圳前海股交中心；
7. 清科研究中心；
8. 中国创新创业大赛广东赛区组委会；
9. 广东科技统计。

总体而言，广东省科技金融发展指数（2018）指标体系的数据权威、客观、可靠。

第三节　广东省科技金融发展指数评价结果

一、综合评价

基于广东省科技金融发展综合评价体系，经过全面分析和计算，得到 2017 年广东省 21 个城市的综合得分与评价结果，评价结果总体呈现如下特点。

2017 年广东省科技金融排名前 10 位的城市分别为深圳、广州、佛山、东莞、中山、珠海、惠州、江门、韶关、汕头。可以看出，深圳和广州是省内科技金融的"双核心"，遥遥领先于其他城市，"双核心"中深圳优势明显，全省科技金融发展水平较高的城市主要集中在珠三角地区，并以珠三角为中心向外扩散，如图 9 - 1 所示。

二、要素评价

广东省科技金融发展指数由市场发育指数和政府支持指数两个一级指标构成。

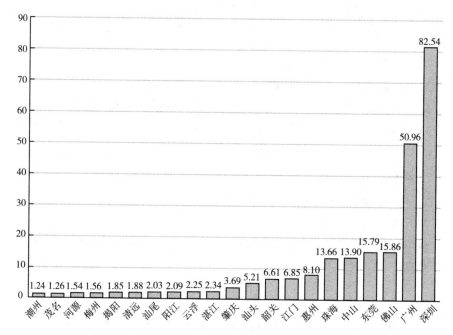

图 9 - 1　科技金融发展指数

(一) 市场发育指数

市场发育指数是依据风险投资市场、科技信贷市场和科技资本市场的发展状况作出的一个综合性度量指标,用来衡量与科技金融相关的市场发展程度。综合广东省 21 个城市在这三个子要素上的评价结果,从而得出这些城市在市场发育指数上的排位,如图 9 - 2 所示。

2017 年,各地市科技金融市场发育指数评价结果主要呈现以下特点:深圳市场发育最为完善,遥遥领先于广州,广州又大幅度领先于其他城市。市场发育程度是科技金融发展的第一核心要素,正是市场发育差异造就各地科技金融发展水平不同。

1. 风险投资市场。风险投资市场是依据创业投资金额、私募股权及创业投资基金管理基金净资产、私募股权及创业投资基金管理机构家数三个三级指标的发展状况,加权得到的一个综合性的度量指标,是衡量市场发育指数的指标之一。

2017 年广东省风险投资市场排名前 10 位的城市分别为深圳、广州、韶关、珠海、东莞、中山、佛山、惠州、梅州、清远。综合对比可以看出,

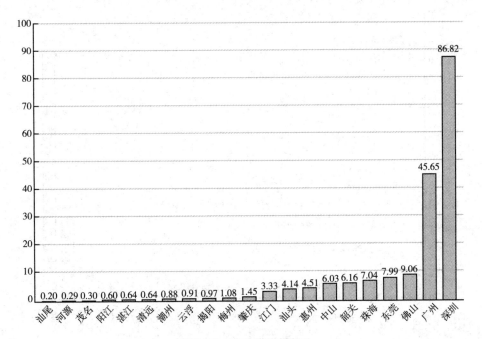

图 9 – 2 市场发育指数

深圳风险投资市场相对发展水平最高，相关指标数值为全省最高，且远远高于广州，而广州又远远高于其他城市；由于韶关 2017 年创业投资金额指标仅次于深圳、广州，导致其风险投资市场指标全省排名靠前，如图 9 – 3 所示。

2. 科技信贷市场。科技信贷市场是依据科技信贷余额、科技支行数两个三级指标的发展状况而作出的一个综合性的度量指标，是衡量市场发育指数的指标之一。

2017 年广东省科技信贷市场排名前 10 位的城市分别为深圳、广州、佛山、中山、东莞、珠海、江门、惠州、汕头、肇庆。综合对比可以看出，深圳科技信贷市场较为发达，两个三级指标数值在各城市中都位居首位；其他城市科技信贷市场发展不充分或不完善，如图 9 – 4 所示。

3. 科技资本市场。科技资本市场从 A 股新增融资额、A 股新增企业数、区域股权交易中心年度新增挂牌企业数、新三板新增融资额、新三板新增挂牌企业数五个子要素来衡量，是市场发育指数测度的又一指标。

从科技资本市场来看，由于 2017 年广州 IPO 募集资金规模远高于其他城市，该项指标广州排名第一，其次是深圳。佛山、东莞分列第三和第四，两

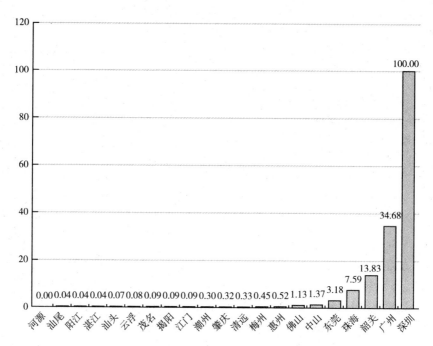

图 9-3　风险投资市场指数

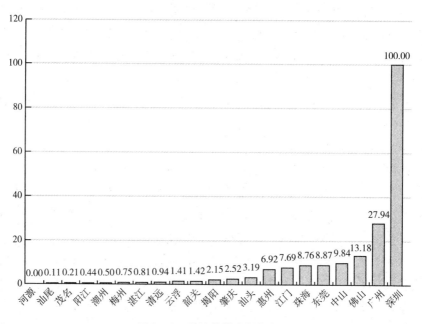

图 9-4　科技信贷市场指数

个城市的科技资本市场发展程度相近，不过与广州和深圳相比仍有很大的提升空间。汕头、中山、惠州的科技资本市场有一定的发展，其余地市科技资本市场发展程度较低，如图 9－5 所示。

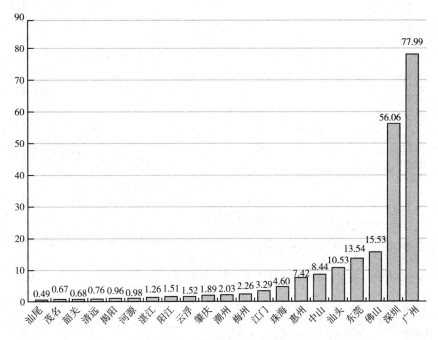

图 9－5　科技资本市场指数

（二）政府支持指数

政府支持指数是依据科技金融投入和科技金融服务状况，加权得到的一个综合性度量指标，用来衡量政府对于科技金融的支持程度。

从政府支持指数来看，深圳市政府对于科技金融的支持力度最大，其后依次为广州、东莞、中山、佛山和珠海；其余的地市中，惠州和江门的支持力度尚可，余下的支持力度较小，得分都为 10 以下，如图 9－6 所示。

1. 科技金融投入。科技金融投入是依据科技信贷风险补偿资金池规模、一般公共预算支出中科技支出占比、研发经费支出/地区生产总值、地方财政设立创业引导基金额度等四个指标，加权得到的一个综合性度量指标，从资金角度衡量政府对科技金融支持程度。

深圳的科技金融投入遥遥领先，中山、广州、珠海、佛山、东莞和惠州的科技金融投入尚可，其余各地市的科技金融投入较低，如图 9－7 所示。

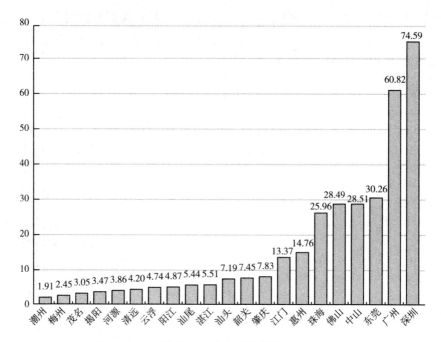

图 9 - 6 政府支持指数

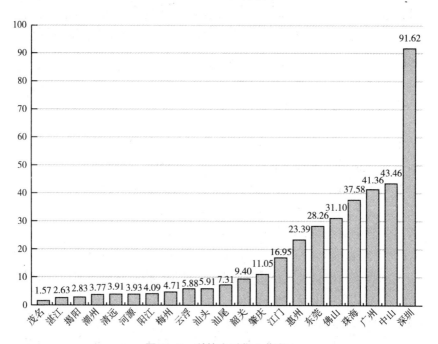

图 9 - 7 科技金融投入指数

2. 科技金融服务。科技金融服务是依据中国创新创业大赛年度参赛企业数量、科技金融综合服务分中心培训路演人次、科技金融综合服务分中心数量、科技金融综合服务分中心从业人员数量、高新技术企业年度新增数量、技术合同成交额等六个指标，加权得到的一个综合性度量，从服务角度衡量政府对科技金融支持程度。

广州科技金融服务最发达，深圳科技金融服务较发达，东莞和佛山科技金融服务尚可，其余地市科技金融服务水平较低，如图 9-8 所示。

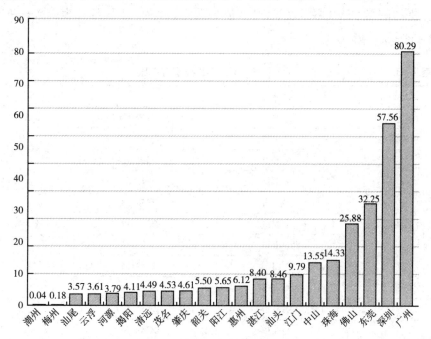

图 9-8　科技金融服务指数

第四节　基于区域分布的科技金融发展分析

考虑到广东省科技金融区域发展不平衡，本节摒弃传统的区域研究方法，即将广东省分为珠三角、粤东、粤西、粤北四大区域，采用将广东省分为单列市——深圳市、省会城市——广州市、珠三角七市、粤东、粤西、粤北的区域划分方法，使各区域指数在数量上存在可比性，这样对各区域进行对比研究更有意义。

　　珠三角除深圳和广州外其他七个市分别为珠海、佛山、惠州、东莞、中山、江门、肇庆；粤东包括揭阳、汕头、潮州、梅州、汕尾、河源六个市；粤西包括阳江、湛江、茂名、云浮四个市；粤北包括清远、韶关两个市。

　　本节采用指标值加权加总的方法，由于各地市指标选取与加总权重相同，因此，各区域相应指标值可由所辖地市指标值加总得到。为了衡量各区域科技金融发展相对于经济发展的状况，本节采用 GDP 占比与相应指标值占比对比分析的研究方法。各区域 GDP 数值与占比如表 9-3 所示（表中数据来源于广东省统计局）。

表 9-3　　　　　　　　　　　　　2017 年各区域 GDP 数值与占比

区域划分	省辖市	GDP（亿元）	GDP 占比（%）
单列市	深圳市	22438.39	23.58
省会城市	广州市	21503.15	22.60
珠三角七市	珠海市	2564.73	31.18
	佛山市	9549.6	
	惠州市	3830.58	
	东莞市	7582.12	
	中山市	3450.31	
	江门市	2690.25	
	肇庆市	2200.61	
粤东	揭阳市	2151.43	11.26
	汕头市	2350.76	
	潮州市	1074.07	
	梅州市	1125.82	
	汕尾市	855.37	
	河源市	952.12	
粤西	阳江市	1408.63	8.40
	湛江市	2824.03	
	茂名市	2924.21	
	云浮市	840.03	
粤北	清远市	1500.9	2.98
	韶关市	1338	

资料来源：广东省统计局。

一、综合评价

综合来看，广东省2017年深圳科技金融占比最高、珠三角七市次之，广州、粤东、粤北、粤西占比依次降低。其中，深圳GDP占比为23.58%，科技金融占比为34.22%，科技金融占比高于GDP占比，说明深圳科技金融相对于经济发展而言处于超前状态。广州GDP占比为22.6%，科技金融占比为21.13%，科技金融占比低于GDP占比，说明广州科技金融相对于经济发展而言处于略滞后状态。珠三角七市GDP占比为31.18%，科技金融占比为32.27%，科技金融占比稍高于GDP占比，说明珠三角七市科技金融发展稍超前。粤东、粤西、粤北GDP占比分别为11.26%、8.4%、2.98%，科技金融占比分别为5.57%、3.3%、3.52%，除粤北地区外，科技金融占比均低于GDP占比，说明这些地区科技金融相对于经济发展而言处于滞后状态，如图9-9所示。

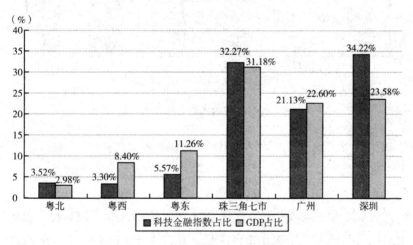

图9-9　分区域科技金融指数比较

二、要素评价

（一）市场发育指数

从广东省2017年市场发育指数占比来看，深圳最高，广州次之，珠三角七市、粤东、粤北、粤西依次降低。其中，深圳GDP占比为23.58%，市场

发育占比为 46.01%，说明深圳市场发育远超经济发展。广州 GDP 占比为
22.6%，市场发育占比为 24.19%，市场发育相对于经济发展稍超前。珠三
角七市 GDP 占比为 31.18%，市场发育占比为 20.89%，市场发育稍滞后。
粤东、粤西、粤北 GDP 占比分别为 11.26%、8.4%、2.98%，市场发育占比
分别为 4.01%、1.3%、3.6%，相对于经济发展而言，粤东、粤西市场发育
处于滞后状态，粤北处于超前状态，如图 9 - 10 所示。

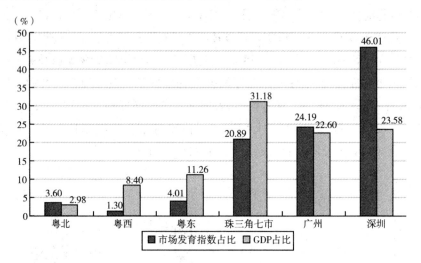

图 9 - 10　分区域市场发育指数比较

1. 风险投资市场。从广东省 2017 年风险投资市场来看，深圳占比遥遥
领先，广州次之，珠三角七市、粤北、粤东、粤西占比依次降低。与经济发
展对比来看，深圳 GDP 占比为 23.58%，风险投资市场占比为 60.88%，风
险投资市场发展远超经济发展。广州 GDP 占比为 22.6%，风险投资市场占比
为 21.11%，风险投资市场发展稍滞后。珠三角七市 GDP 占比为 31.18%，
风险投资市场占比为 8.65%，风险投资市场发展落后于经济发展。粤东、粤
西、粤北 GDP 占比分别为 11.26%、8.4%、2.98%，风险投资市场占比分别
为 0.59%、0.16%、8.62%，相对于经济发展而言，粤东、粤西风险投资市
场处于滞后状态，粤北处于超前状态，如图 9 - 11 所示。

2. 科技信贷市场。从广东省 2017 科技信贷市场来看，深圳占比遥遥领
先，达到广东省的 1/2，珠三角七市、广州、粤东、粤西、粤北占比依次降
低。与经济发展对比来看，深圳 GDP 占比为 23.58%，科技信贷市场占比为
50.6%，科技信贷市场发展远超经济发展。广州、珠三角七市、粤东、粤西、

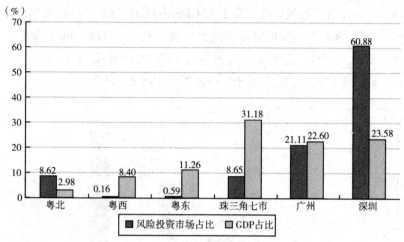

图 9 – 11　分区域风险投资市场比较

粤北 GDP 占比分别为 22.6%、31.18%、11.26%、8.4%、2.98%，科技信贷市场占比分别为 14.14%、29.23%、3.39%、1.45%、1.19%，说明这些区域科技信贷市场发展落后于经济发展。广东省科技信贷市场发展，深圳一家独大，如图 9 – 12 所示。

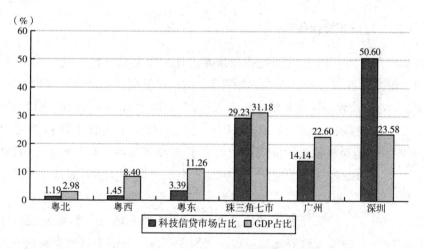

图 9 – 12　分区域科技信贷市场比较

3. 科技资本市场。从广东省 2017 年科技资本市场来看，广州占比遥遥领先，深圳、珠三角七市、粤东、粤西、粤北占比依次降低。从经济发展对比来看，深圳 GDP 占比 23.58%，科技资本市场占比 26.4%，科技资本市场发展稍超前于经济发展。广州 GDP 占比 22.6%，科技资本市场占比 36.72%，科技资本市场发展远超经济发展。珠三角七市 GDP 占比 31.18%，科技资本市场占比 25.76%，科技资本市场发展滞后于经济发展。粤东、粤西、粤北 GDP 占比分别为 11.26%、8.4%、2.98%，科技资本市场占比分别为 8.12%、2.33%、0.68%，科技资本市场发展滞后于经济发展，如图 9 – 13 所示。

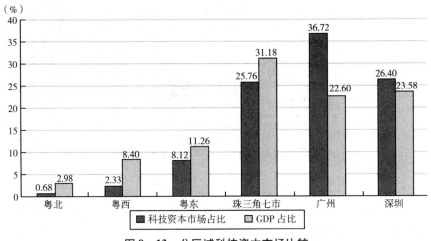

图 9 – 13　分区域科技资本市场比较

（二）政府支持指数

从广东省 2017 年政府支持指数来看，珠三角七市占比遥遥领先，深圳、广州、粤东、粤西、粤北占比依次降低。与经济发展对比来看，深圳 GDP 占比为 23.58%，政府支持指数占比为 22.02%，政府对科技金融的支持力度与经济发展基本保持一致。广州 GDP 占比为 22.6%，政府支持指数占比为 17.96%，政府对科技金融的支持力度落后于经济发展。珠三角七市 GDP 占比 31.18%，政府支持指数占比 44.04%，政府对科技金融的支持力度远超经济发展。粤东、粤西 GDP 占比分别为 11.26%、8.4%，政府支持指数占比分别为 7.18%、5.37%，政府对科技金融的支持力度落后于经济发展。粤北 GDP 占比为 2.98%，政府支持指数占比为 3.44%，政府对科技金融的支持力度稍超前于经济发展，如图 9 – 14 所示。

1. 科技金融投入。从广东省 2017 年科技金融投入来看，珠三角七市占比最高，深圳、广州、粤东、粤西、粤北占比依次降低。与经济发展对比来看，深圳 GDP 占比 23.58%，科技金融投入占比 24.06%，科技金融投入力度与经济发展基本保持一致。广州 GDP 占比 22.6%，科技金融投入占比

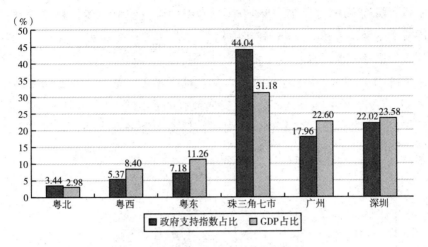

图 9 – 14　分区域政府支持指数比较

10. 86%，科技金融投入力度低于经济发展。珠三角七市 GDP 占比 31. 18%，科技金融投入占比 50. 38%，科技金融投入力度远超经济发展。粤东、粤西、粤北 GDP 占比分别为 11. 26%、8. 4%、2. 98%，科技金融投入占比分别为7. 48%、3. 72%、3. 49%，除粤北地区科技金融投入力度稍强于经济发展外，粤东粤西均滞后，如图 9 – 15 所示。

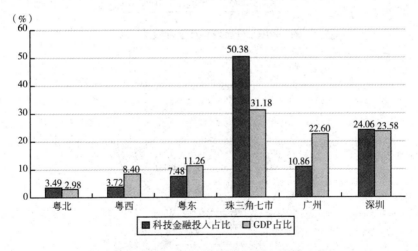

图 9 – 15　分区域科技金融投入比较

2. 科技金融服务。从广东省 2017 年科技金融服务来看，珠三角七市占比遥遥领先，广州、深圳、粤西、粤东、粤北占比依次降低。与经济发展对比来看，深圳 GDP 占比 23.58%，科技金融服务占比 19.4%，科技金融服务发展落后于经济发展。广州 GDP 占比 22.6%，科技金融服务占比 27.06%，科技金融服务发展超前于经济发展。珠三角七市 GDP 占比 31.18%，科技金融服务占比 35.9%，科技金融服务发展超前。粤东、粤西、粤北 GDP 占比分别为 11.26%、8.4%、2.98%，科技金融服务占比分别为 6.79%、7.48%、3.37%，除粤北地区科技金融服务发展稍超前于经济发展外，粤东、粤西均滞后，如图 9 - 16 和图 9 - 17 所示。

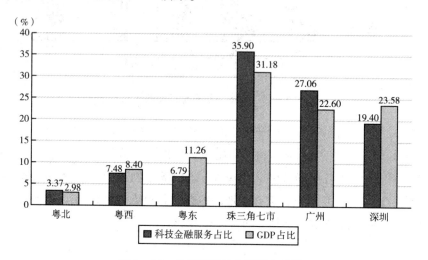

图 9 - 16　分区域科技金融服务比较

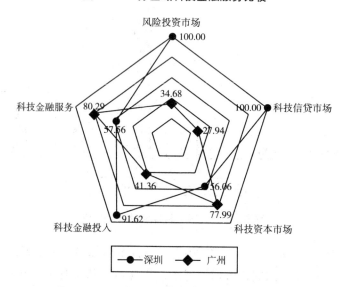

图 9 - 17　深圳和广州科技金融基础指标比较

参 考 文 献

[1] 韩亚星. 我国创业板市场发展现状、问题及建议 [J]. 中国市场, 2015 (42): 73 - 75.

[2] 高小雪. 我国区域股权市场发展模式现状分析 [J]. 商业会计, 2017 (23): 79 - 80.

[3] 国元证券和合肥工业大学联合课题组, 蔡咏. 我国区域性股权市场的发展、问题和改革研究 [J]. 金融监管研究, 2018 (4): 55 - 70.

[4] 朱婧, 周振江, 胡品平. 广东省新三板企业发展情况及对策建议 [J]. 广东科技, 2017, 26 (9): 58 - 61.

[5] 翟会明. 浅析我国新三板市场发展现状及对策建议 [J]. 时代金融, 2016 (36): 155 - 160.

[6] 李亚青. 供给侧改革视角下科技保险 "供需双冷" 困境及其化解 [J]. 科技进步与对策, 2018, 35 (15): 119 - 125.

[7] 周健. 浅析科技保险发展现状及对策——以广东省为例 [J]. 金融经济, 2018, (14): 124 - 125.

[8] 徐莉, 毛丽素, 张正午. 江西科技保险发展对策研究 [J]. 科技广场, 2015 (1): 202 - 206.

[9] 徐雪原. 广州科技保险发展存在的问题及其对策研究 [J]. 中国集体经济, 2018 (8): 116 - 117.

[10] 侯外林. 保险助力科技创新的广东实践与探索 [N]. 中国保险报, 2018 - 04 - 24 (007).

[11] 杨孟著. 探索 "保险 + 政府" 科技保险新模式 [N]. 中国保险报, 2018 - 05 - 31 (008).

[12] 马佳伟, 江奕, 林展宇. 广东省完善多层次资本市场的对策研究 [J]. 时代金融, 2017 (35): 91 - 93.

［13］高蕾. 担保公司开展科技担保遇到的困境研究——以江苏省为例 ［J］. 江苏科技信息，2013（22）：16－17.

［14］乔巧玲. 广东省融资担保行业的风险分析及应对措施 ［J］. 科技经济市场，2016（4）：196－197.

［15］章立，马国建，段登. 我国科技担保公司发展对策研究 ［J］. 江苏大学学报（社会科学版），2012，14（4）：89－90.

［16］李希义，郭戎，沈文京，付剑峰，黄福宁. 我国科技担保行业存在的问题及对策分析 ［J］. 创新科技，2014（9）：26－28.

［17］顾海峰. 制度性金融创新与我国中小企业融资担保体系发展研究 ［J］. 南方金融，2012（3）：18－22.

［18］袁碧华. 广东科技担保创新发展的对策研究 ［J］. 广东科技，2017，26（10）：67－70.

［19］黄柱坚. 建行广州番禺支行科技金融策略研究 ［J］. 纳税，2017（4）：50－51.

［20］王立平，魏博文，娄霆，刘鸿杰. 科技银行发展路径探索 ［J］. 浙江金融，2017（5）：47－52.

［21］宋光辉，王成，董永琦. 基于社会资本理论的科技型中小企业互助联合担保模式研究——以广东省为例 ［J］. 金融发展研究，2016（4）：34－40.

［22］陈雪，陈宇山. 广东省科技担保行业发展现状、存在问题和对策建议 ［J］. 科技管理研究，2014，34（9）：45－48.

［23］刘嘉伟. 金融科技重构信贷风控体系 ［J］. 中国金融，2018（11）：74－75.

［24］李士华，邓天佐，李心丹. 创业投资在科技金融中的定位研究——以江苏创业投资发展为例 ［J］. 科技进步与对策，2013，30（18）：156－159.

［25］徐枫，马佳伟. 基于投资者政策需求视角的中国创业投资发展影响因素研究 ［J］. 宏观经济研究，2018（3）：89－102.

［26］马海涛，师玉朋. 政府创业投资引导基金发展现状与制度改进 ［J］. 地方财政研究，2016（5）：4－8＋22.

［27］鲍英善，朱方伟. 强化我国创业投资金融支持的对策研究 ［J］. 经济纵横，2017（9）：69－74.

[28] 朱顺泉，石双宏. 创业投资促进经济转型升级的实证研究——以中国、广东、广州、深圳数据为例 [J]. 科技管理研究，2016，36（1）：61-66.

[29] 何朝林，梁悦. 创业投资引导基金运行中的政府行为——基于科技型中小企业技术创新 [J]. 科学管理研究，2017，35（4）：99-102.

[30] 刘凤娟，郭胜大. 科技金融及创业投资的发展对策——以江苏省为例 [J]. 技术经济与管理研究，2012（4）：38-41.

[31] 寇明婷，陈凯华，穆荣平. 科技金融若干重要问题研究评析 [J]. 科学学研究，2018，36（12）：2170-2178+2232.

[32] 郭峰，孔涛，王靖一. 互联网金融空间集聚效应分析——来自互联网金融发展指数的证据 [J]. 国际金融研究，2017（8）：75-85.

[33] 肇启伟，付剑峰，刘洪江. 科技金融中的关键问题——中国科技金融2014年会综述 [J]. 管理世界，2015（3）：164-167.

[34] 胡义芳. 基于指数分析的我国科技金融发展研究 [J]. 求索，2013（12）：34-36.

[35] 项燕彪，王紫薇. 浙江省中小企业金融服务中心发展指数测度与评价 [J]. 浙江金融，2012（1）：73-76+80.

[36] 曹颢，尤建新，卢锐，陈海洋. 我国科技金融发展指数实证研究 [J]. 中国管理科学，2011，19（3）：134-140.

[37] 中国人民银行武汉分行金融研究处课题组，邓亚平. 信度加权普惠金融发展指数：编制、评价及运用——来自湖北的案例 [J]. 武汉金融，2018（4）：17-23.

[38] 成艾华，蒋杭. 基于G1-变异系数法的普惠金融发展指数研究——以湖北为例 [J]. 武汉金融，2018（4）：24-29.

[39] 张紫璇，赵丽萍. 各省科技金融发展、技术创新水平与经济增长的门限效应分析——基于2000—2015年的省际面板数据 [J]. 科技管理研究，2018，38（5）：93-98.

[40] 安琴，刘金金，熊坤，杨声莲. 广东省科技金融政策文本量化分析 [J]. 当代经济，2018，10（19）：58-61.